債鬼は眠らず

サラ金崩壊時代の収奪産業レポート

Loan Sharks Never Sleep.

MIYAKE Katuhisa
三宅勝久［著］

同時代社

はじめに

金策に窮したサラ金会社の話から書き起こす。

「レタスカード」という京都に本社を置く中堅サラ金会社がある。現在破産申し立て中で営業はしていない。破産申し立て当時の社長は山本武雄氏。ワンマン経営者で、部下にタバコの火を押し付けるなど粗暴な性格の人物でもある。

破産直前の話だが、このレタスカードの顧客にAさんという香川県在住の女性がいて取材をする運びとなった。その内容はこうだ。

Aさんは多重債務者だったため債務整理をすることになった。「取引履歴」という返済記録を取り寄せて利息を再計算してみると、いわゆる「過払い」になっていることがわかった。利息を払いすぎていたのだ。Aさんは「過払い金」を取り返す準備に取り掛かった。すると、その矢先の二〇〇八年一二月にレタスカードが破産を申し立ててしまった。過払い金請求は破産処理が終わるまでお預けとなった。回収できないかもしれない、と半ばあきらめた。

妙なことが起きたのは年が明けて翌二〇〇九年の一月である。「債権譲渡通知」とともに請求書がAさんのところに送り付けられてきたのだ。債権は「TLC株式会社」に譲渡したから残債務を支払ってほしい、という内容だった。請求をしてきたのは「ジェーピーエヌ債権回収株式会社」という債権管理回収会社（サービサー）だった。

過払いなのになぜ請求してくるのか。当然のことながらAさんは疑問に思い、ジェーピーエヌ社に抗議した。すると請求はすぐにとまった。ＴＬＣから委託を受けて回収しただけだ、との説明だった。

一連の事情を聞いた後、筆者はＴＬＣを訪ねることにした。どんな会社なのか知るためである。登記簿謄本の住所は東京都港区某所となっていた。該当の場所に行ってみるとこぎれいなオフィスビルがあった。いくつもテナントが入っていたが、ＴＬＣが入居している気配はなかった。手がかりはないものかとAさんに送られた債権譲渡通知を見ると、謄本とは違う別の住所がＴＬＣの「連絡先」として書いてあった。探してみると平凡なアパートの一室に行き着いた。若い男女が中にいて「ウチはたくさんの会社の連絡先になっている。住所を貸しているだけだ」と迷惑そうに言った。ヤミ金融の連絡先に使われて警察に調べられたこともあったという。ＴＬＣの実体はどこにあるのか尋ねてみたが、教えてくれないまま戸を閉められた。

ＴＬＣの社長は宮本敏之氏という大阪に住む人物だった。大阪に行ったついでにその住所も訪ねてみた。古びたマンションが彼の住所だった。留守だったので何度か出直したが連絡を取ることはできなかった。法務局に届出がなされた債権譲渡登記の謄本によれば、レタスカードは二〇〇八年一月八日付で債権の一切をＴＬＣに譲渡したことになっている。譲渡金額が何十億円単位の相当な金額であることは間違いないが、そんな金を動かす人物にしてはずいぶん質素な住まいにみえた。

ＴＬＣがペーパーカンパニーであることは想像がついた。だが、いったい誰がどんな目的で作ったのかはわからない。取材は壁にぶつかった。

京都地検がレタスの社長だった山本武雄氏と元財務担当役員の江村正志氏を詐欺容疑で逮捕したのは約一年後の今年二月二四日である。両氏は同罪で京都地裁に起訴され、八月一二日、江村氏に対して判決が言い渡された。懲役二年執行猶予四年の有罪判決だった。山本氏については公判がまだ初まっていない。

ＴＬＣ社がどういう会社であるのか。その手がかりがこの江村氏に対する判決の中にあった。判決理由が述べる犯行の経緯は相当複雑である。細部を省略して大雑把にまとめれば以下のとおりだ。

〈レタスカードは資金調達に困っていた。そこで二〇〇八年一月、山本武雄社長と江村取締役が共謀して以下の犯行を実行する。まず、ＴＬＣに対して、レタスが保有している貸付債権を譲渡する。その資金として約七〇億円を「スタンダードバンクＰＬＣ」という外国銀行から融資させた。債権一万九八〇〇件分だと銀行には説明したが、じつはこの中には回収不可能な「架空債権」を多数紛れ込ませていた。実際に回収できる債権は八〇〇〇件あまりしかなかった。譲渡価格にして二五億円相当。こうしてスタンダードバンクから差額の約四四億八七〇〇万円を詐取した〉

一言で言えば山本・江村両氏は、スタンダードバンクに架空債権を売りつけて四四億円をだましとったということらしい。

スタンダードバンクＰＬＣとは、南アフリカを拠点に世界中で事業を展開する投資銀行である。そして、これがペーパーカンパニー「ＴＬＣ」の実体だった。巨大外資が日本の中堅サラ金の不良債権を買い、国内のサービサーに回収させていたわけだ。

不良債権に投資して一儲けを試みたところ一杯食わされた。そこで日本の司法当局に被害を訴えた。そんな構図が浮かんでくる。その投資資金は、「証券化」などの形をとって市場から集めた金である可能性もある。Aさんの「過払い金」は、金を生む投機商品として世界に売り出されていたのかもしれない。

さほど知名度もないサラ金会社の破綻の影で、国際的なマネーゲームが進行していたのである。

二〇〇六年一二月、改正貸金業法が成立した。段階的に施行されてきた同法は二〇一〇年六月のグレーゾーン金利撤廃によって完全に実施された。多くの多重債務者を生み、自殺などの悲劇を続出させた貸金業界に対する史上最大の規制がこうしてはじまった。消費者保護の掛け声が高まる半面で、サラ金業界は収縮をはじめた。過払い金の返還請求が増え、破産したり廃業する業者が続出する事態となった。二〇一〇年九月二八日には武富士が会社更正法を申請して破綻した。サラ金大手の経営者が軒並み長者番付に名を連ねたかつての勢いは、もはや微塵もない。

濡れ手に粟の乱暴な商売をしてきたツケだと思う。反社会的であこぎな業界は淘汰されて当然だろう。しかし、筆者はすっきりした気持になれないのである。おびただしい人を苦しめている多重債務問題は、サラ金が退場すれば解決するのか。高利貸しのない平和な生活がこれで訪れるのか。そう問われれば、「そうだ」と言う自信はない。新たな形で「収奪産業」が動き出しているような気がしてならないのだ。サラ金の規制緩和を求める業界側の声も依然として根強い。

これから何が始まるのだろう――もどかしさに囚われたまま、数年来、筆者はサラ金の周辺を取材してきた。本書はその事件簿である。シティグループをめぐる問題、早稲田大学とサラ金業界の癒着、生保業界とサラ金の蜜月の歴史、法律家による悪質な「過払いビジネス」、回収屋と化した奨学金や役所――などに関する報告を収録した。

一介のフリージャーナリストが出来ることはたかがしれている。本書ができたのは、多くの内部告発者の勇気と良心によるところが大きい。この場を借りて感謝したい。筆者が垣間見たひとつひとつの事件の断片から、この社会の行方について何らかの前兆を感じ取っていただけたとすれば光栄である。

なお文中登場人物の肩書き・年齢は取材当時、初出は巻末に記した。

第一章

巨大外資シティグループの闇

毎晩あなたは眠る。
しかしあなたの夢は起きている。
野心は絶対に眠らないから。
期待は絶対に眠らないから。
目標は絶対に眠らないから。
希望は絶対に眠らないから。
機会は絶対に眠らないから。
世界は絶対に眠らないから。
夢を現実に変えるために、
シティは絶対に眠らない。
（シティグループのＣＭより）

東京都品川区のシティグループセンター。19世紀の創業以来、その歴史には不祥事が絶えることがない（2006年撮影）。

ＣＦＪ株式会社は、現在はＣＦＪ合同会社という。「Citi Financial Japan シティフィナンシャルジャパン」のイニシャルを取ってＣＦＪである。シティグループの会社である。同じくシティグループでシティフィナンシャルという名のローン会社がアメリカにある。ホームページによれば、無担保融資、不動産担保融資の商品を販売し、顧客は米国内に二〇〇万人以上いるという。ＣＦＪはいわばシティグループの「日本版」消費者金融である。

シティグループとはニューヨークに本部を置く世界最大規模の金融コングリマリット（複合企業）だ。世界一四〇ヶ国に支店や関連会社を持ち、二五万人以上の従業員が働く。その巨大外資が日本の消費者金融市場に参入してきたのは一九九五年ごろ。ディックファイナンス、ユニマットレディス、アイクのサラ金三社を買収してＣＦＪを設立した。ＣＦＪは急成長を遂げて一時は業界一、二位を争うほどの規模となったが、一皮めくれば不正に満ちた問題企業だった。だが金融当局から一度も処分を受けていない稀有のサラ金会社でもあった。

なぜＣＦＪだけが処分を受けないのか、筆者は疑問を抱いた。そして手探りで取材を続けてきた。以下はその記録である。

※隠蔽された「実印偽造」事件

◆寝耳に水、自宅が競売に

二〇〇六年の暮れ、筆者は長崎県佐世保市から南に下ったところにあるのどかな農村を訪ねた。高台の一角に建つ木造屋の台所で、脳梗塞の後遺症が残る体をいたわりながら沢口八重子さん（仮名・七七歳）は話す。

「自宅を競売にかけるっちゅう連絡が裁判所からきてな。驚きました。借りた覚えがないのに…」

二〇〇二年夏、自宅を競売にかけるという連絡が裁判所から届いた。亡き夫と苦労して手にいれた自宅だった。それを失いかねない緊急事態である。とるものもとりあえず伝手を頼りに弁護士のところに駆け込んだ。

弁護士が調べた結果、まず判明したのは次の二点である。

①八重子さん名義の自宅（建物・土地）にＣＦＪ株式会社（ディックファイナンス）が融資極度額七〇〇〇万円の根抵当権を設定している。

②融資の借主は息子の一郎名義で、八重子さんが担保提供者になっている。

寝耳に水の話だった。権利証を持ち出したこともないし契約書にサインした覚えもない。理解に苦

偽造した実印を使って不正契約がなされ、CFJによってあやうく自宅を奪われそうになった被害者の女性（長崎県内）。

しんだ挙句に息子の一郎さんを問い質す。そして明るみになったに絶句する。

日をあらためて息子の一郎さんを取材した。彼は力ない様子で告白をはじめた。

「借金のことで頭がパニックになっていたんです。母親に申し訳ない。何度も自殺しようと…」

数年前まで地元の交通会社に勤めていた。やがて会社の経営が悪化して退職し、知人の誘いで事業をはじめた。しかしうまくいかず消費者金融にカネを借りて資金を回した。借金はどんどん増えて数百万円となり、とうとう返済に行き詰ってしまう。

せめて一〇万円でも借りられないか。そう考えてディック佐世保支店を訪れたのが二〇〇一年春。ここから事件がはじまる。最初は融資を断られた。だが数日後、Kと名乗る社員から電話がかかってきた。

「母親名義の土地があるだろう、土地を担保にすれば貸せる」

Ｋ社員は言った。なぜ母親が土地を持っていることを知っているのか奇妙に思った。伝えた覚えはない。登記簿謄本で調べたとしか考えられなかった。

社員が持ちかけたのは、サラ金の無担保融資数件の負債を一本化する、いわゆる「おまとめ融資」だった。金策に窮した一郎さんにの目には魅力的に映った。だがそれには母親の同意が必要だ。絶対無理だとあきらめた。

ところが、断ろうとするとＫ社員は引き止めた。

「権利証や実印がなくても融資できますよ」

半分疑いながらも、カネがほしかった一郎さんは「おまとめ」の話に乗ってしまう。

「実印がなくても――」

その意味はまもなくしてから分かった。

佐世保市にある長崎地方法務局佐世保支局裏の路上での出来事だった。

「あらかじめ打ち合わせた場所で車を止めて待っているとＫさんがやってきました。車に入ると小さな紙袋を取り出しました。袋の中身は真新しいハンコでした。母親の実印によく似ていました。印鑑証明書の印影をもとに近くのハンコ屋で作らせたとのことでした」

偽の実印を一郎さんはＫ社員から受け取り、何度か試し押しをやった。そして指示されるまま、母親になりすまして契約書や委任状に偽の署名を書き、印をつく。

やがてディックから四〇〇万円の融資が下りた。だが楽になったのはほんの一瞬にすぎない。それまで借りていた他社の返済や契約時の手数料でたちまち消えてしまった。後は借金地獄に後戻りである。再び同様の手口で偽契約を結んで追加融資を受けた。それでも解決するどころか余計に苦しくなった。そして返済できなくなり、ついに恐れていたことが起きる。それが自宅の競売だった。

その後、沢口親子は弁護士を通じてCFJと示談をすることになった。結果、債務は弁済するという条件でかろうじて競売は取り下げられた。

「罪悪感でいっぱいでした。でも引き返すことができませんでした」

一郎さんはうなだれるようにつぶやいた。

◆司法書士も不正に加担

完全な不正融資事件だった。犯罪性も高い。ただ、話を聞きながら不思議な気がした。

不動産担保融資は煩雑な手続きが必要である。特に担保にする不動産に根抵当権を設定する作業は普通、専門家である司法書士に依頼する。実印が偽造されたとしても司法書士が八重子さんに一言「担保設定しますね」などと尋ねれば不正は簡単に見破ることができたはずだ。「人・モノ・意思」の確認は司法書士業務の基本中の基本だといわれる。なぜ登記できたのか。

登記手続き申請書類が長崎地方法務局佐世保支局に保管されているという。八重子さんの相談に乗っていた入山和明司法書士と二人でこの書類を閲覧することにした。

登記関係書類を綴じた分厚い冊子の中に、問題の契約書や委任状が見つかった。書名欄に八重子さんの名が書き込まれ、ハンコが押されている。一郎さんによれば八重子さん本人の字ではなくハンコも偽モノなのだが、一見するだけでは見分けがつかない。

書類を慎重に点検していた入山氏が声を出した。

「保証書で登記している！」

入山氏の説明によれば、保証書とは不動産の権利証を紛失した場合に代替策として使われる書類で、司法書士がつくるのだという。この方法は現在は使われていない。

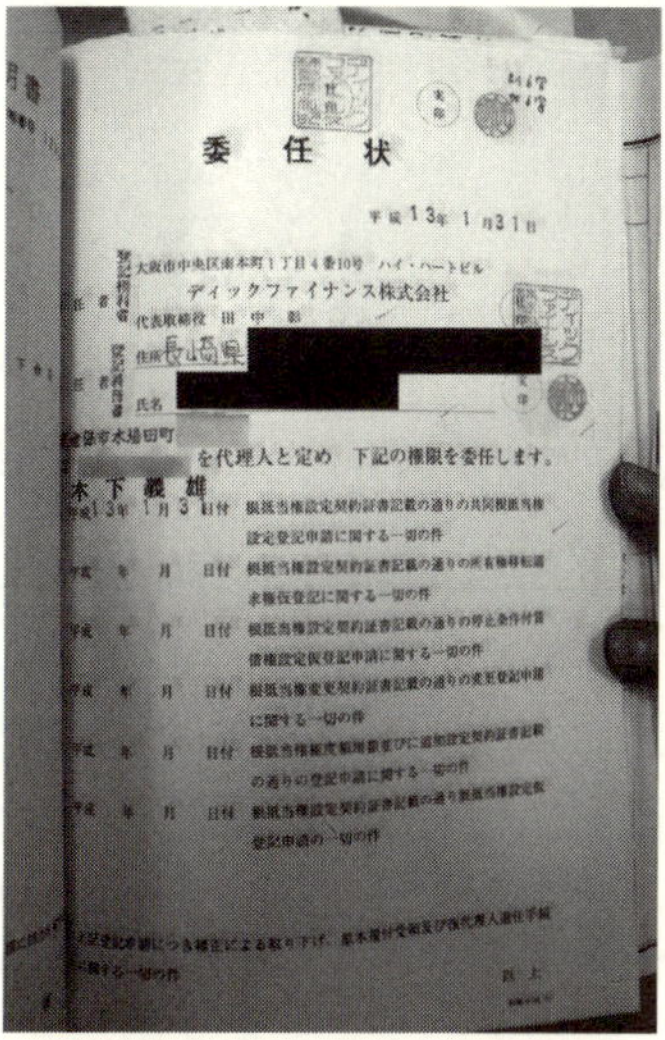
委任状

平成13年1月31日

大阪市中央区南本町1丁目4番10号　ハイ・ハートビル
ディックファイナンス株式会社

住所　長崎県[redacted]
氏名[redacted]

を代理人と定め　下記の権限を委任します。

木下義雄

偽造した実印が押された虚偽の委任状。司法書士にも責任の一端はあるとみられるが責任は問われていない。

その「保証書」によって根抵当権設定の登記は行われていた。だが八重子さんの権利証は自宅に保管されたままだ。紛失などしていない。どうやって「保証書」を作ることができたのだろう。そもそも作ったのは誰なのか。

〝作者〟の名が登記書類に記されていた。木下義雄という佐世保の司法書士である。木下氏を訪ねて事情を聞くことにした。

――沢口八重子さんの登記の件で伺いたいんですが。

木下　ちょっと言えない事情がありますので。ＣＦＪと示談やってますんで。

――印鑑が偽造されていますよね。

木下　それもちょっと…

――八重子さんは木下さんをまったくご存知ないですよね。それなのに保証書で登記をしているというのはどういうことですか。

木下　その点についても話さないことになっています。

――私が指摘したことは事実だと、そう受け止めていいですか。

木下　…（無言でうなずく）

動揺した様子で木下氏は「言えない」と繰り返した。本人確認や意思の確認をするどころではない。不正を承知で保証書をつくり八重子さんに無断で登記をした疑いは濃厚だった。

後になって筆者はＣＦＪの内部資料を入手した。資料には百件以上の懲戒処分事件が一覧になっていた。沢口親子の事件もその中にあった。ディック佐世保支店のＫ社員は二〇〇二年二月一日付で解雇した。また佐世保支店長が諭旨退職処分となったほか、同支店の課長と長崎県内の別の支店長がこの事件に関連して降格された。資料にはそうあった。

佐世保支店の不正は実印偽造のほかにもあった。

「顧客の元配偶者と共謀し、担保提供者に成りすまし契約」「担保提供者が病床に伏せている間に担保提供者に成りすまし、契約」「司法書士の立ち会いなしで契約」など六件の事件が記されている。

内部資料には佐世保だけでなく全国各地の不祥事が多数報告されていた。

「和解書の偽造」「交渉履歴捏造」「現金着服」「顧客名簿売却」「顧客属性改竄」「取引履歴改竄」……

二〇〇二年三月から〇三年一〇月まで約一年半の間に処分された社員は、懲戒解雇・諭旨退職、降格・減給など一三〇人以上を数える。

現役社員によればこれも不正の「氷山の一角」だという。また、いずれの件も金融庁の行政処分などを受けた形跡はない。八重子さんの事件も処分はおろか、公表すらされていない。

実印偽造事件についてCFJに質したところ、まるで他人ごとのような回答が返ってきた。

「本件発生につき遺憾に思うと同時に、関与した社員をただちに解雇した。当該家族とはすでに合意に達しているが、家族の一員の関与があったことへの配慮から公表は適切でないと判断した」

二〇〇六年後半に入り、シティグループはCFJについて全国の支店を一挙に閉じ、社員を自宅待機させて暗に退社を促すという強引なリストラに着手した。表向きは「事業縮小ではない」とのポーズを取り続けていたが、貸金業規制が強化されることを先取りした動きであることは明らかだった。

取材から戻り、退社に追いやられた元社員と会う機会があった。彼は怒りを込めてこう話した。

「まるで食い逃げ。法律無視のやり放題、政府はいつまで指をくわえて眺めているのか」

※おまとめ略奪商法に手を貸す"CFJ専属司法書士"の県議会議員

◆「おまとめ」の罠

香川県高松市に「高松あすなろの会」という多重債務問題に詳しい市民団体がある。全国クレジット・サラ金被害者連絡協議会という全国組織に属している。二〇〇七年五月のある日、山本幹男さん（仮名・五六歳）は手紙をたずさえてこの場所を訪れた。手紙はこんな文面だった。

〈通知書　高松地方裁判所民事部不動産執行係　別紙物件目録記載の不動産に対する競売物件について、下記のとおり売却を実施するので通知します…〉

山本さんの親族は香川県西部で代々養鶏を営んできた。その家業の地である先祖伝来の自宅と畑を競売にかけられたのである。債権者はアイフルだった。

山本さんによればことの発端は七年前、二〇〇〇年三月にさかのぼる。

「サラ金数社から借金があって困っていたんです。そこへアイフルから電話がかかってきました。家を担保に『おまとめ』すれば金利が低いから得ですよ、というんです」

電話は不動産担保ローンの勧誘だった。「得ですよ」というアイフル社員の言葉を山本さんは信じた。言われるままに自宅を担保に入れ、三〇〇〇万円を借りて「一本化」した。

ところが「おまとめ」した結果は楽になるどころではなかった。金利は低くなったのは事実だが、毎月の返済額が支払い能力を超えていることに違いはない。しかも契約時になにかと経費を取られており、借金の額は増えていた。結局一年ほどで行き詰ってしまう。

「家を取られるのではないだろうか」

動揺した山本さんの目にとまったのが週刊誌に載っていたアイク（ＣＦＪ）の広告だった。

「一〇万円を借りるつもりで電話したんです。すると、金利が低いからウチの不動産担保で借り替えたほうがいいと言われて…」

〝助言〟を信じて山本さんはアイクに借り替えることにした。自宅のほか、あらたに物置の土地や畑を担保に加えた。融資額は六〇〇〇万円。そこからアイフル分を返済し、登記費用などの支払いを行うと手元に残った金額はしれていた。

このアイクとの契約がなされた際、興味深い人物がかかわっている。根抵当権の設定などを行った司法書士・村上豊氏。民主党の香川県議会議員だ。村上氏については後に触れる。

アイフルからアイクに借り替えたものの苦しい状況は変わらなかった。借金の額が増えた分さらに負担が重くなった。返済にあえぐことおよそ二年、再びアイフルから電話がかかってくる。

「おまとめしませんか、楽になりますよ」

なす術を知らず従った。借金のことで頭はパニック状態、わけがわからなかったと山本さんは振り返る。

「言われるままありったけの土地を担保にしてアイフルに借り替えました。借金は七八〇万円に増えていました。滞納した税金やら司法書士への経費やらを払って実際に渡されたのは五〇万円ほどでした。月々の支払い額も増えて一五万円くらい…とても払える額ではなかったんですが」

やがて、猛暑で鶏が死ぬなどして養鶏の仕事もうまくいかなくなり、わずかの収入は途絶えがちとなった。そしてとうとう完全に払えなくなってしまう。取り立てはうるさかった。だがどうしようもない。「払えない」と説明してなんとかやりすごした。何年か我慢するうちに取り立てはやんだ。不安ながらもほっとしていた。そこへアイフルが競売申し立てをやってきたのだ。

もともとは「返済が楽になる」という言葉を信じただけだった。土地屋敷をすべて失いかねない事態になろうとは想像だにしなかった。

「何度も死のうと思いました。だまされた…」

うなだれて山本さんはこぼした。

不幸中の幸いというべきだろうが、その後、競売は落札者が現れなかったために不成立となり、アイフルは競売申し立てを取り下げた。だがいつまた財産を差し押さえられるかわからない不安におびえながら、山本さんは毎日を送っている。

「私が担当した不動産担保ローンのお客さんで完済できた人は一人か二人。九割方は一年ほどで払えなくなっていました」

そう証言するのはアイフル元社員の男性だ。払えなくなるのがあたりまえ。山本さんのようなケースはごく普通のケースだという。

おまとめローンを売りまくってきたというＣＦＪの現職社員も打ち明ける。

「担保物件を売らせて回収するわけですよ。売らせるために早く行き詰らせる。売りたくなけりゃほかで借りさせて払わせる。まさに略奪ですね。〝焼畑商法〟って呼んでいたほどです」

焼畑商法──はじめから不動産を売らせることを前提として融資していたというのである。しかもアイフルとＣＦＪの間を「キャッチボール」して負債を膨らませる。サラ金の顧客で不動産を持っているケースは「おまとめ」の標的、「カモ」と呼ばれた。収入は少なくても土地屋敷のあった山本さんは格好のカモだったということらしい。

◆ＣＦＪの専属だった民主党香川県議

さて、先に紹介した香川県議会議員で司法書士の村上豊氏に関する話である。

アイク（ＣＦＪ）が山本さんの自宅と土地を担保に取る際に、村上氏は司法書士として根抵当権設定など三件の登記を行っている。一件数万円の登記費用は融資金から天引きされていた。

村上氏は五度の選挙を勝ち残り、民主党香川県連の代表代行も務めたベテラン議員だ。公務に党の仕事にと多忙なはずの人物が煩雑なサラ金の登記をやっているとは、いささか奇妙な印象を受ける。

村上氏をめぐる事情は高松市の旧アイク支店で勤務していたという元社員の女性が知っていた。

「村上先生はアイクと専属契約をしていた〝指定司法書士〟でした。香川では二人いました。村上先生は費用が割安なのと、いつでもすぐに登記をやってくれるので評判でしたよ。もっとも本人の姿をみることはほとんどなくて、実質仕事をしていたのは助手で行政書士の奥さんのようでしたが」

村上県議はCFJの専属だったというのだ。事実、後日筆者はCFJの「指定司法書士」リストというものを手に入れることができた。そこには彼女の言うとおり村上氏の名があった。

元社員の女性によれば、高松の支店では毎月一〇件前後の不動産担保融資の契約がなされていた。その登記手続きの大半が村上氏のところに持ち込まれたという。

「おまとめ商法」に加担する現職県議会議員・村上豊氏。疑問はまだある。

サラ金規制見直しをめぐって激論が交わされていた二〇〇六年三月、香川県議会本会議に野党議員有志が意見書案を提出した。グレーゾーン金利撤廃などサラ金規制強化を求める内容だった。だが与党側の反対で否決された。根回しが不十分だったのか、あるいは創業者が香川県出身者であるプロミスの影響か。否決の理由は諸説あるが定かではない。

この否決された意見書にじつは村上豊県議が提案者として名を連ねていたのだ。村上氏とCFJの関係は、当時議員の間でも知られていなかった。

サラ金会社のために仕事をして対価を得る一方で、それを隠して多重債務者の味方であるかのごとく振舞う。県議会議員としてのモラルを問われる行動である。

「私ならおとなしくしていますよ。あんな真似はできません」

アイフル専属の仕事をしていた香川県内の司法書士はいう。

「おまとめ商法」は長年野放しにされてきたも同然だった。二〇〇六年の法改正を迎えてはじめて金融庁は目を向けはじめた。だがいかに制度を改善し規制強化をしたところで、すでに不動産を担保にとられた債務者たちが救われるわけではない。「おまとめすれば返済が楽になる」と信じた多くの善良な人たちは、住まいを失う危険にさらされ続けている。

この罪深い問題ビジネスに加担したことについて香川県議会議員としてどう思うのか。二〇〇七年一月、筆者は別の「おまとめ」被害者とともに高松市内にある事務所に本人を訪ね、質した。

──良心の呵責を感じませんか。

村上氏は反論した。

「なんで良心の呵責なんですか、頼まれたことをやっただけじゃないですか」

しかし慌てていたようだ。おい交番に電話しろ、と居合わせた妻に命じて警察官を呼びかけ、「警察にどうしてほしいのですか」と筆者がただすと思いとどまった。

貸金業法の改正以降、村上氏の司法書士事務所では「おまとめ」業務はめっきり減り、多重債務者の債務整理を引き受けはじめたと噂される。多重債務者を生みだす過程でひと儲け、債務整理でまた稼ぐ。香川県議の報酬・政務調査費は年間約一六〇〇万円もある。もちろん税金である。

「県民をなめている」と被害者のひとりは怒りを口にした。

◈コラム1　「競売費用」名目で不動産業者に多額送金／CFJが競売入札妨害の落札工作か

二〇〇七年、CFJの経費処理をめぐり不可解な実態が発覚した。特定の不動産業者に「経費」名目で、一件あたり数百万円単位のカネが送金されていたのだ。二〇〇二年一月から〇三年六月にかけて、「競売費用の一部負担金」として計三億二〇〇〇万円もの資金が不動産会社や個人に入金されている事実が同社の内部資料に記載されている。

事情を知る社員は次のように証言する。

「不動産担保ローンの担保にとった不動産を競売にかける際、費用をかけてでも手っ取りばやく処分するためのものです。要するに回収率を上げるためですよ。『費用分担』と呼ばれていて、運用のマニュアルもありました」

そのマニュアルによれば「費用分担」の対象となるのは、担保物権を競売にかけたものの裁判所の設定した最低入札価格が高く、一度で競売が成立しないケースだという。つまりこういうことだ。

融資が焦げつけば不動産を競売にかける。しかし、裁判所の設定した最低入札価格が市場価格より高く、なかなか落札者が現れない場合がある。不動産価格が低い地方の農村などではこうしたことはめずらしくない。一回目の入札で落札者がいないと通常は最低価格を下げながら競売を繰り返す。それでも落札できなければ競売は不成立となる。親族が最低価格分のカネを出して担保の自宅取り戻す、といったことも可能となる。ところがＣＦＪはこうしたケースでも競売が一度で成立するようあらかじめ不動産業者と交渉し、最低入札価格と不動産業者の購入希望価格との差額を「費用」として埋め合わせたというのだ。結果、常識的には落札者がいない場合でも一度で落札は成立した。

埋め合わせるために不動産業者に出した「費用」は数百万円単位だったという。

手っ取り早く不良債権を処理して未収率を上げたいために考案されたこの方法は、「競売入札妨害の疑いがある」と社内で問題になり、二〇〇三年六月を最後に中止された模様だ。

このほか、競売の際に裁判所に収めた予納金の返還分を顧客の入金に充当し、残債務を少なくみせる「処理」も行われたという。

社員は言う。

「ＣＦＪの財務状況は相当悪く、数字を上げるのに必死だったんです」

ＣＦＪは二〇〇七年に入って、全国三二〇ヶ所ある支店のほとんどを一斉に閉鎖して社員を自宅待機させ、暗に「自主退社」を促した。強引で違法性の高い首切りだが、従業員側が財務内容の開示を求めても、シティグループは「機密事項」と一蹴したという。粉飾決算が横行していた疑いすらぬぐいきれない。

◈コラム2　貸金業に甘い香川県の裏側にプロミスマネー

香川県は、グレーゾーン撤廃など貸金業規制強化を求める請願や陳情について、過去二度続けて県議会が事実上否決した全国でも珍しい県である。その背景事情として〝プロミスマネー〟の影響を疑わせる興味深い事実が判明した。

香川県選挙管理委員会届出の「真鍋たけき後援会」（佐藤忠義代表、高松市）二〇〇六年分政治資金収支報告書によれば、同年七月一三日付で消費者金融大手・プロミス創業者で同県出身の神内良一《じんないりょういち》がから同後援会に対して一五〇〇万円の個人献金がされていた。真鍋氏は八月の県知事選を目前にしていた。

これに一〇年先立つ一九九六年には、神内氏から自民党香川県第二選挙区支部（支部長・大野功統衆議院議員）に対して九〇〇〇万円の献金がされている。また同じ年、自民党香川県第三選挙区支部（支部長・木村義雄元衆議院議員）にも一〇〇〇〇万円の献金があった。

国会議員の自民党支部は地元の地方議員に交付金を支給するのが通常だから、プロミスマネーは香川県内の自民党系県議・市議に支流のように分配されたとみてよいだろう。

神内氏が真鍋たけき後援会に献金を行った二〇〇六年夏は、貸金業規制法の見直しが国会で審議されている時期でもあった。業者側が規制強化に激しく反対するなか、消費者サイドに立つ全国の司法書士や弁護士らが中心になって「グレーゾーン金利撤廃」の請願・陳情を地方議会に採択させる運動が展開された。結果、四三都道府県議会で採択され、グレーゾーン金利撤廃を盛り込んだ改正貸金業法が同年暮れに成立する一助となった。

グレーゾーン金利撤廃の請願を否決した議会は四県にすぎず、香川県議会はその一つだった。二〇〇六年三月二三日の本会議（塚本修議長＝自民）で、請願「高金利引き下げに関する意見書」を賛成少数で否決した。

二〇一〇年六月には、出資法の上限金利引き下げの実行や借り入れの総量規制など改正貸金業法が完全に施行されたが、それを控えて二〇〇九年秋から「改正貸金業法の完全実施を求める請願・陳情」採択運動が全国ではじまった。ところが香川県議会経済委員会は、これについても二〇〇九年一二月と二〇一〇年二月の二度連続で継続審議扱いとした。事実上の否決である。

「グレーゾーン金利撤廃」と「改正貸金業法完全施行」の両方ともに請願・陳情を採択しなかった都道府県議会は四七都道府県中香川のみ。日本で最も貸金業界にやさしい県議会というわけだ。

知事が献金をもらったとしても議会は議会、独立している、とは建前だが県議の一人は言う。

「請願・陳情の採択は、知事部局におうかがいをたてて了解が得られたものだけを採択しているのが実情。採択できなかったということは、知事部局にその気がなかったということだろう」

知事後援会や自民党支部への献金と一連の請願・陳情不採択は、はたして関係があるのか。関係者にそれぞれ意見を求めてみた。

まず知事室を通して真鍋知事に取材を申し入れたところ、多忙を理由に返答なし。「真鍋たけき後援会」は電話に応答がなかった。経済委員会の辻村修委員長（自民）はベトナム出張中で対応不可。黒島啓副委員長（同）に連絡を試みた結果、「電話取材は受けていない」との返答が香川県議会自民党議員会事務局を通じてあった。

一方、プロミスは「当人（神内良一氏）は当社から離れており、一株主なので事実関係を確認することができません。コメントは控えさせていただきます」（広報部）とのことだったが、神内氏自身から秘書を通じて以下の回答があった。

「（真鍋武紀・香川県知事後援会への献金について）真鍋知事が先輩の息子にあたるので献金した」「（改正貸金業法・完全施行問題と献金について）プロミスの経営から離れているので特段コメントすることはない」「（香川県議会の請願否決に献金の影響はあったと思うか）なぜそういう質問をされるのか理解できない。県議会の事情は知らない」

また秘書はこうつけ加えた。

「献金を神内のほうから働きかけることはありません」

二〇〇六年当時神内氏は一〇〇〇万株（七・四一％）のプロミス株を保有する大株主だった。妻・由美子氏とあわせて夫妻で保有する株は一八六四万四〇〇〇株（一三・八二％）に達する。同社によれば、その後、良一氏は株を一部売却しており、二〇一〇年三月末現在で保有株数は四〇〇万株（二・九七％）に減っているという。神内夫妻の株式所有率は九・三八％である。

現在、良一氏はプロミスの経営から手を引いているが、香川県の自民党支部に一九〇〇万円の献金をした一九九六年当時は代表取締役名誉会長という最高経営責任者だった。

「改正貸金業法は自民党が進めてきた法律。それなのに自民党が多数を占める県議会が採択しないのは不思議議です」

香川県弁護士会に所属する兼光弘幸弁護士はそう言っていぶかしむ。兼光氏は反貧困全国キャラバン香川県実行委員会委員長として「改正貸金業法完全施行」の陳情提案者である。

「地方で苦労して稼いでいる人からカネを吸い上げて中央の本社に集めているのが大手サラ金。それを県議会が防ごうとしないのも変な話です」

穴吹工務店の破綻など地方都市香川の経済状況は厳しい。その地方から消費者金融を通じて中央にカネが吸い上げられる。いったん吸い上げられたカネは、なかなか地方に還元されない。ようやくカネが戻ってきた先が知事や自民党のところだったというのだから、香川県民はよほどバカにされている。

◈コラム3　過払いなのに「金払え」は架空請求／札幌高裁がＣＦＪを厳しく断罪

大手サラ金の中でＣＦＪは過払い金返還にきわめて消極的な会社として知られる。資料の開示は常に遅れがち、過払い金の返還訴訟を起こしても何かと引き延ばす。何かと理屈をつけて「不当利得」の返金をしぶる往生際の悪さに裁判官も厳しい目を向けた。

過払いなのに執拗に請求され苦痛を受けたとして北海道内の女性がＣＦＪに過払い金と慰謝料三三〇万円を求めた訴訟の判決が、二〇〇七年四月二六日、札幌高裁であった。伊藤紘基裁判長は、「被告（ＣＦＪ）は架空請求になることを知っていたものというべきである」として、ＣＦＪに対して過払い金に加え損害賠償五〇万円（弁護士費用と慰謝料）の支払いを命じる判決を言い渡した。利息制限法を超えたグレーゾーン金利を請求したのは架空請求に等しい。裁判所がそう断言した画期的な判決だった。

裁判のなかでＣＦＪは、契約は複数個あり一部は時効だ、などと主張したが、伊藤裁判長は「リボルビング方式(注)によってなされていることを一審被告（ＣＦＪ）自身が認めており、貸し付け契約は一個である」などとして一蹴した。

判決理由にはこう書かれている。

〈一審被告（ＣＦＪ）が、一審原告（女性）が利息制限法所定の制限を超える利率で被告に支払った利息について、その元本充当、元本債務消滅後の支払い分の返還に容易に応じないことは、本訴におけるＣＦＪの訴訟追行の態度から明らかであり、そのために、女性は弁護士に委任して本訴を提起せざるを得なかったというべきであるから、女性の弁護士費用は民法七〇四条後段所定の損害に当たると解するのが相当である〉

さらにこうある。

〈女性がＣＦＪによる上記請求を受け、請求額全額を支払わなければならないと誤信し、そのために苦しい生活を強いられたことは容易に想像され、そのために精神的苦痛をこうむったと認められる。そして、女性が昭和六二年七月から平成一七年九月まで弁済を強いられ、しかも、充当計算の結果、原判決別紙裁判所計算書のとおり平成三年五月以降は元本がなかったことなどを考慮すると、一審原告の精神的苦痛に対する慰謝料は一五万円を下ることはない（後略）〉

原告代理人の宮原一東弁護士は次のように語る。

「不法行為の場合と同様、過払い金請求の場合も、弁護士費用は加害者と同視しうる貸金業者に負担させるべきだと考えて請求した。裁判所は、適法な金利で計算せずに請求することは架空請求にあたると判断した。グレーゾーン金利の貸付及び回収行為を架空請求とまで言い切った裁判例、特に高裁判決は極めて珍しく意義がある」

この判決以後、サラ金業者が過払いの顧客に露骨な請求を行う例は少なくなった。サラ金業界にとっても衝撃的なニュースだが、おりしもシティグループによる日興コーディアル証券ＴＯＢ

が派手に報じられており、全国版では毎日新聞が地味に取り上げただけだった。

（注）毎月一定額を返済しながら、限度額で何度も借り入れができるシステム。借金を膨らませる元凶だとの批判が強い。

※「改竄八〇〇件で借金水増し一億九〇〇〇〇万円」の結末

◆「五三万円返します」と突然の電話

「突然ＣＦＪから電話がかかってきて、五三万円を返したいと言ってきたんです。『貴方様に不利な清算』がされていたとか。五年も経って何をいまさら…」

香川県内に住む無職の女性・鈴木宏実さん（仮名・五六歳）が憤懣やるかたない様子で話す。電話の詳細については後述しよう。鈴木さんが腹を立てる理由は五年前、二〇〇一年の忌々しい出来事にある。

「サラ金数社に借金があり、病院の付き添いの仕事をしながら一生懸命払っていました。でも、とうとう病気で倒れてしまって」

二〇〇一年の夏、返済に行き詰った鈴木さんは自殺を考えていた。その窮地を市民団体の「高松あすなろの会」に救われたのだった。

「すぐに裁判所に調停を申し立てましょう」

会ではそう助言した。相談員の山地秀樹氏が振り返る。山地氏は全国クレジット・サラ金被害者連絡協議会の会長だ。

「資金のない人が債務整理をするには調停が便利です。ディックファイナンス（ＣＦＪ）に一〇年以上も真面目に払ってきたということですから、まず過払いは間違いなし、そう踏んでいました」

過払いとは、借金の利息を「出資法」（上限年二九・二％）ではなく、利息制限法（年一五～二〇％）で再計算したときに残高がマイナス（払いすぎ）になる状態をさす。消費者金融の場合、一般的に六～七年も返済を続けていれば過払いになることが多い。五〇万円を請求されていた人が逆に一〇〇万円を取り返した例などざらにある。

「もう払わなくていい。過払い金を取り返しましょう」

励まされて鈴木さんは気を取り直し、調停に臨んだ。

高松簡易裁判所に赴いて手続きを行い、やがて調停がはじまった。たちまち壁にぶつかった。利息の再計算に必要な「取引履歴」をＣＦＪが出そうとしないのだ。

「取引履歴を開示するよう指導してほしい」

鈴木さんは四国財務局に苦情を伝えた。すると申し訳程度に一年分だけが開示された。これでは意味がない。「すべて開示してほしい」と再び財務局に訴えて、ようやく九年分の履歴を手に入れることができた。

手間はかかったが山は越えた。履歴があれば後は利息計算をするだけだ。計算をやりながら、しかし、鈴木さんは首をかしげた。ＣＦＪが出してきた履歴はすでに利息制限法で再計算されたものだったが、過払いどころか二二万円の債務が残るというのだ。不思議に思って点検してみた。結果とんでもないことを発見する。

「（CFJが最初に出してきたものと二度目に出したもの）二つの取引履歴を重ねてみたところ、取引の日付・返済額・借入額がまったく違う部分があったんです。一方には『四万円返済』とあるのに、もう片方は入金になっていなかったんです」

食い違いは一ヶ所ではない。何ヶ所もみつかった。

過払いを隠すために取引履歴を改竄したのではないか。不信を募らせた鈴木さんは高松簡裁の調停の場で裁判官や調停委員に訴えた。

「CFJの取引履歴は信用できない。台帳を提出してもらってください」

切実な訴えは無視された。二二万円を払うしかないという。そんな金はなかった。調停は不調に終わり、泣く泣く破産の道を選んだ。──

以上のようないきさつがあったため、五年もたったいまごろになって「五三万円を返す」と電話をかけてきたCFJに鈴木さんは怒ったのだ。

「カネは受け取れない。事情を説明してほしい」

そう訴えたところ、CFJは「これが正しい取引履歴だ」として通算三通目となる取引履歴を送ってきた。この最新の「正しい履歴」を、先の二〇〇一年に受けとった二通の履歴と照合した鈴木さんは言葉を失った。またもや食い違いが見つかったのだ。五年前の履歴にはなかった入金記録が「正しい履歴」には存在する。食い違いは一つや二つではない。多数ある。数えてみると、新たに見つかった食い違い部分はじつに二〇数ヶ所に及んだ。「正しい履歴」をもとに再計算したところ、「五三万円の過払い」だった。「一二万円を払え」どころではない。

デタラメの文書でCFJは二度も高松簡裁をだましたことになる。高松簡裁の裁判官や調停委員も、鈴木さんが指摘していたにもかかわらず不正を見抜くことができなかったわけだ。

なぜこんなデタラメが通るのか。

〈調査したところ断定は出来ませんが、おそらく改竄ではなく、慌てて提出した為に発生したミスではないかと考えられます〉

疑問に対してCFJは文書でそう釈明してきた。だが鈴木さんは言う。

「いままで無視しておいて、不正がばれかけたからお金を返すというのでしょうか。バカにするにもほどがある」

事実、CFJ元従業員の男性Bさん（四〇歳代）は断言する。

「ミス？　そんなことはあり得ません。改竄ですよ。組織的に会社ぐるみで改竄をやっていました。そういう会社です」

Bさんは取引履歴の改竄に関与したとして二〇〇三年に会社を追われた。会社の指示で不正をやらされたのに社員だけが泥をかぶるというのは納得いかないと、CFJを相手取り未払い賃金などを求めて裁判に訴えた（その後の判決でBさんは敗訴した）。

Bさんが説明する。

「弁護士が介入したり調停申し立てがあったときには、取引履歴をコピーして送れば楽だし正確で速いはずなんです。でも、あえてわざわざ手入力で取引履歴を作成させられていました。計算して過払いになっていると、上司が決済を出さないんです。『過払い金を返すヤツはバカだ！』と罵られる。(不正を）やらざるを得ない環境だったんです」

支店では、毎日ように裁判所や弁護士から取引履歴の提出を求められた。そのたびに一件につき三〇分から一時間をかけて改竄履歴を作らされたという。

自動的に提出用の履歴がプリントされれば、仕事量も減り、改竄の余地もなくなる。システムを改善してもらえないか。職場から何度も要求が出されたが聞き入れられることはなかった。

「手入力するシステムを残していたこと自体が、改竄を黙認している証拠なんですよ」

Bさんはいう。

二〇〇六年二月、Bさんの裁判にCFJ監査役の松岡純二氏が証人として出廷した。

原告側代理人　改竄が行われる要因はなんだと思う？

松岡　貸し倒れ費用、もしくは過払いの返還費用、それが収益を圧迫している。支店がそういうふうにやったんじゃないかと…。

原告側　取引履歴を出すシステムですが、プリントアウトできますよね？

松岡　はい。
原告側　それを提出しないで、手で打ち直しをさせている。これが要因だとは考えられませんか？
松岡　私もそう思います。
原告側　その点について、監査役として会社に意見をいいましたか？
松岡　…相手方の弁護士さんが要求なさるから（ＣＦＪ側で）再計算して出したと理解している。
原告側　取引履歴をそのまま出せば不正など起こり得ないんじゃないか。
松岡　現場の担当じゃないんで…。

　弁護士や司法書士が債務整理をする場合は、どんな取引履歴が来てもかならず自分で再計算を行うものだ。相手方の弁護士が再計算した計算書を要求したから、という松岡監査役の証言は説得力に乏しい。

　改竄に関してはＢさんだけでなく八〇人以上もの従業員が処分されている。松岡監査役が作成した報告書によると、北海道・東北を中心に七六支店で八三一件・一億八九五一万円の債務ごまかしが発見されたという。

「多少計算をいじくっても客なんてわかんないんだよ！」

「客が領収書すべて保管しているわけないだろう！」

「工夫する能力がないんなら、お前の代わりはいくらでもいるんだ！」

改竄工作の現場ではこんな上司の罵声が飛び交っていたと、処分を受けた別の元従業員らは証言する。

改竄がおきる背景に「ノルマ至上主義」の存在を指摘する現役従業員もいる。

「改竄をしたところで従業員の得にはなりません。でも支店にとって過払いは痛いんです。つまり、貸し倒れが増える、貸付残高が減る、支店の経費を食う——という〝三重苦〟ですから」

サラ金大手では二〇〇二年一二月、当時業界二位だったアコムで六八九件・総額一億一三一四万円の履歴改竄による債務水増しが発覚した。実行にかかわった社員六八人と管理監督責任者五八人の合計一二六人が懲戒処分となった。

八三一件・一億九〇〇〇万円に達するCFJの不正は、アコム事件を大きく上回るサラ金史上最大規模の改竄事件である。この不正件数や被害金額についてCFJ側は関東財務局に対する報告書で、二〇〇三年から過去三年以内に弁護士または裁判所の調停示談をした口座など一〇万件あまりをすべて調べた結果だ、と説明している。

だが元従業員らは「報告の数字は信用できない」と口をそろえる。調査から漏れている不正がまだ多数あるはずだというのだ。事実、前述の鈴木さんのケースは、洗いざらい調査した結果だとされる「八三一件」には含まれていない。

調査漏れの可能性はないのだろうか。

先に触れた裁判で香川県の鈴木さんに関する履歴の不正を指摘された松岡監査役は、言葉すくなに答えるのみだった。

原告側代理人　…四国については改竄の事実は見つからなかった、という結果でいいですか？

松岡　はい。

原告側　ディックで、四国で、調停に改竄した履歴が出されたという案件はご存じない？

松岡　存じません。

原告側　四国財務局のほうに苦情がいっているようだが？

松岡　認識しておりません。

「改竄は日常的に行われていました」とBさんは繰り返す。

「たった八三一件なんて…とても全部を丁寧に調べているとは思えません。過払いなのにだまされてお金を払っている消費者が、ほかにもたくさんいるはずです。金融庁は徹底調査してほしい」

貸金業制度の改革で注目を浴びている金融庁だが、「確たる疑いがあれば報告徴収や検査ができる」（金融会社室）と歯切れが悪い。

一方、ＣＦＪ広報部は「お客さまの取り引きに関することはコメントを控えさせていただきます」とノーコメントと決め込んでいる。

大企業にだまされないようにするのも、この国では「自己責任」ということか。

追記

この取材を終えた後の二〇〇六年一二月、福岡財務局は大手サラ金の三洋信販に対して全店営業停止という厳しい処分を下した。顧客の取引履歴を改竄して過払い金を少なくみせかけるなどの不正をしたという。改竄は五〇〇件以上という大規模なものだった。一方で、これをはるかに上回るＣＦＪの不正は、「業務停止処分なし」と決着づけられた。

❋ヤミ業者に不良債権売り飛ばしても「お咎めなし」の黒い霧

◆悪質業者「クリバース」

「クリバース」という名の東京都知事登録の貸金業者が、ＣＦＪの貸し倒れ債権を買い取り、強引に取り立てている――そんな噂を聞きつけて取材を始めた。二〇〇六年秋のことだ。

埼玉県内に住む三五歳の女性の被害状況はこうである。

ＣＦＪの残金三八万円について遅延損害金九四万円を加えた一三二万円をクリバースから一括請求された。「クリバース」など聞いたこともない会社だ。ＣＦＪにあった債権がいつの間にか売られていたのである。

〈他の金融機関への再譲渡も視野に入れます…〉

督促状の文句に女性は恐怖を覚えた。

「完済したと思っていたんです。まさかこんなものがくるなんて…夫に知られたらどうなるのか、心配で夜も眠れません。おなかの子どもも心配で…」

女性は妊娠中で仕事をしていなかった。

東京都品川区にあるクリバースが入居していたビル。家賃は月数百万円とみられる。東京都知事登録の貸金業者だが、融資を呼びかける看板の類はいっさいない。

元本三八万円に対して損害金が九四万円だから、損害金が年三〇％とすれば一〇年分である。五年の民事時効はとっくにすぎているはずだ。そんな古い債権をなぜいまごろ請求してきたのか。

強い不安を訴える女性に代わって筆者がクリバースに電話で事情を尋ねることになった。応答したのはＳと名乗る男性である。

――この債権って貸し倒れ償却済みじゃないんですか？　一〇〇万円近くも利息（損害金）がつくなんて。ＣＦＪさんで貸し倒れになっている、そういうやつじゃないですか？

Ｓ　私どもにそれを言われても…私わからないですよ。

――わからないって…でも、もともとの債権者はＣＦＪさんなんでしょう？

Ｓ　わからないことをどういうふうに…。

――これを債権放棄していただける方法はないんですか？

Ｓ　ご相談されるんだったら弁護士さんのほうに相談して…。

――弁護士のところに行くにもお金がかかりますしね。心配だから、行かなくて済むんなら。

Ｓ　裁判所かどっかにご相談されるのが一番じゃないでしょうか。

――どういうふうに聞けばいいですか？

Ｓ　なんで私がそこまでお話しすることがあるんですか？

――お仕事されてて、できるだけお客さんのために配慮していただいてもいいんじゃないですか。シティグループでしょ、曲がりなりにも。

Ｓ　ご本人様からのお話じゃなくてね。

――ええ。本人は夜も眠れなくて困っているんです。

Ｓ　…ご相談してくださいといっているじゃないですか。段階をへて考えていただけませんか、というお話をしているんです。

――段階？　でも「払わなくていい方法もあるみたいですよ」というお話を教えていただければ、私も（女性に）お伝えできるんですがね。

S　それはちょっとお答えすることはできないですよ。わからない。

――ある？　あるということですか？

S　わかりません。

貸金業者である以上、S氏が時効のことを知らないはずはない。だが彼は決して「時効」を口に出すことはせず話をそらせた。

女性はその後、多重債務問題に詳しい司法書士に相談し、「時効援用」を求める書面を送った。取り立てはピタリとやんだ。

顧客が法律に疎いのを幸いとして、時効と知りながら請求する行為は「武富士」がよくやっていた。言葉巧みに数千円、一万円といったわずかな金額を払わせておいて、以降は「時効が中断した」と全額支払いを求めてくる。

当然の成り行きではあるが「法律の無知につけこんだ卑劣なやり方だ」との批判を浴び、武富士はこれを中止せざるを得なくなった。現在大手サラ金で時効債権の請求をやっているところは、すくなくとも表向きはない。

ＣＦＪも時効債権の取り立てはしていないはずだった。ところが「クリバース」という別会社を介して同じことをやっていたことになる。

クリバースによる被害はほかにもある。

たとえばこんな手紙を送りつけられた人がいる。

〈このまま貴殿が放置していますと当社としても強制執行を含め法的措置に入らざ《ママ》ねばなりません。至急、下記元利合計の一括支払いをお願いします〉

〈連絡がなければ先述の措置実行の担当部門に回ることを承諾したと判断し、ご通知どおり元利合計金額に今後の延滞利息を加算し、取り立て業務を行います（中略）――一二〇万二二七七円（うち元本一九万九七六一円）〉

おどろおどろしい文面だがこれも時効債権だった。

高松市では、破産申し立てを行って免責決定が出た男性に繰り返し請求が行われた。貸金業規制法（現貸金業法）二一条で破産や調停申し立て後の請求行為は禁止されている。時効債権の場合は請求自体がすぐに違法というわけではないが、破産申し立て分を請求すれば完全に〝クロ〟、違法行為である。

「高松事件」のいきさつはこうだ。

被害者の男性Ｇさん（三二歳）は「ディックファイナンス」（ＣＦＪ）などサラ金数社の返済ができなくなり、二〇〇七年九月、高松地裁に破産を申し立てた。クリバースから「債権譲渡通知」が届いたのはそれから一ヶ月後。元本七万円に利息七万円を足した一四万円の借金があると書かれていた。

Gさんは電話で抗議した。

「破産申し立てをしていることはCFJに伝えているはずですが」

「ああ、そうですか。何かの手違いです」

クリバースの対応は柔らかだった。督促はいったんやんだ。ところが免責決定が出た後に再び請求がはじまる。

〈強制執行を含め法的措置の手続きに入らねばなりません〉

そう書かれたはがきが毎週のように送りつけられた。破産して支払いを免責されているのになぜ請求されるのか。Gさんは極度の不安にかられたという。

「結局金を払うまでは許してもらえないのだろうか…もし助言してくれる人がいなければサラ金で借りてでも払ったと思います」――

監督官庁の東京都に寄せられたクリバースに関する苦情は一〇〇件とも数百件ともいわれる。前述のGさんも苦情を申し立てたひとりだった。処分をするよう求めたところ当初は都も処分に前向きであるようにみえた。しかし、ある時点から消極的になっていく。

「もう取り立てはなくなったでしょう。言い聞かせましたから」

Gさんの問い合わせに職員がそんな言い訳をしたこともある。

当時、東京都は都知事登録をした悪質業者に対して業務停止や登録取り消し命令を続々と出していた。それなのにどうしてクリバースには及び腰なのか。Gさんはいぶかしんだ。

処分は見送りか、と半ばあきらめかけていた二〇〇七年八月、都はクリバースの処分を発表した。参議院選挙で与党自民党が大敗した数日後のことだった。破産者の請求や、支払い義務のない第三者から取り立てるといった違法行為に対する六〇日間の業務停止命令だった。処分は新聞の地方版の片隅で、ごく小さく報じられた。

◆ヤミ回収業者

登記簿謄本によればクリバースの経営者は「黒田武稔」とある。この名前を手がかりに調べたところ、「貴然」という東京都知事登録をした貸金業者の経営者でもあることがわかった。貴然は「こうぜん」と読む。二〇〇二年創業のクリバースより古くからある会社で、悪質さではクリバースより評判が悪かった。

愛媛県の男性のケースでは、中堅の消費者金融「アエル」や「レタスカード」から買い取った債権について、「最後通告書」などと大書きした文書を多数送りつけて不安に陥れた。男性は病身で無職、債権は時効を迎えていた。

黒田氏は従来から荒っぽい債権回収業者を生業としてきた人物のようだった。

取り立てのひどさもさることながらクリバースや貴然の営業手法には根本的な問題があった。債権

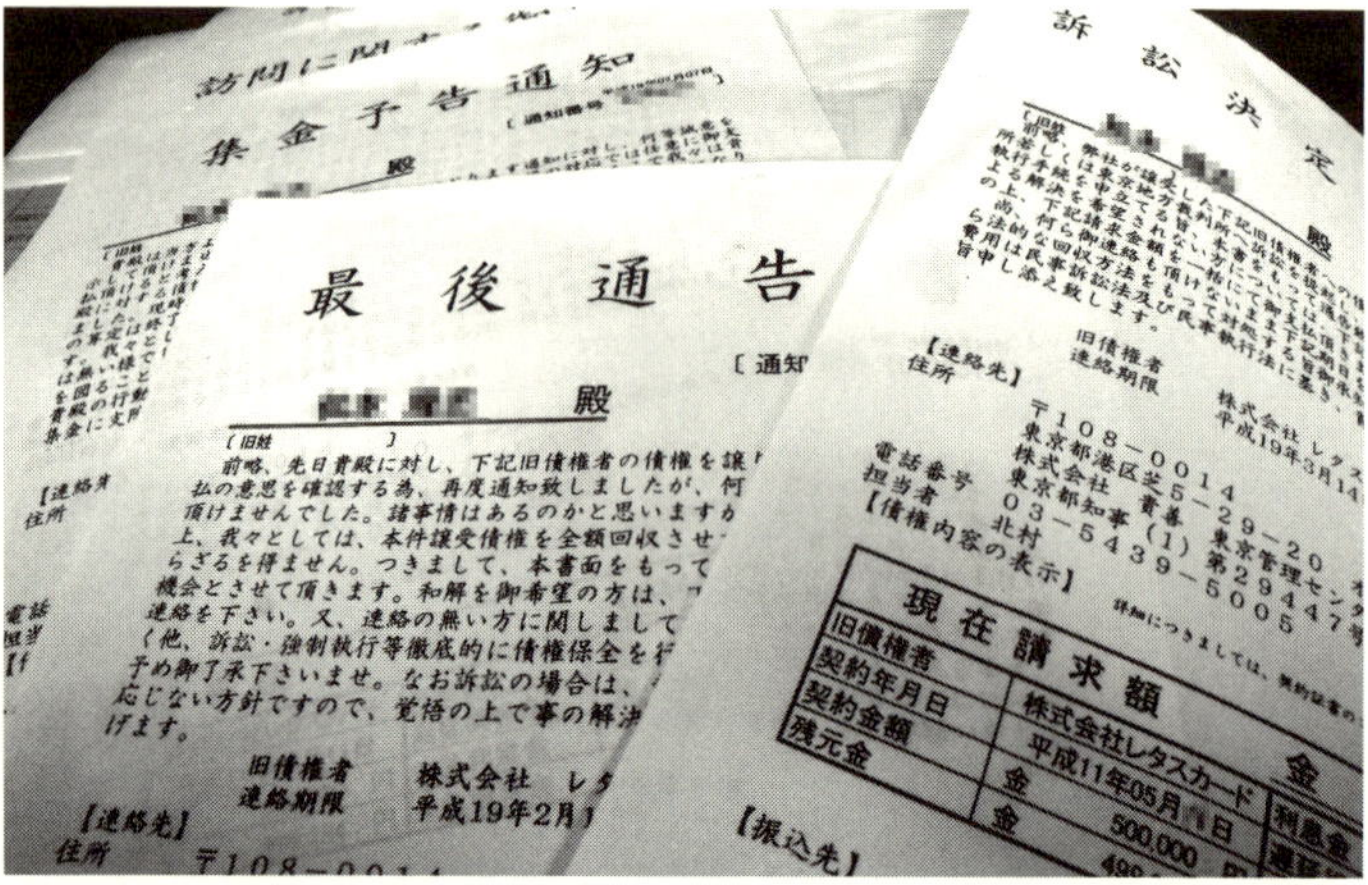

クリバースと同じ経営者による都知事登録貸金業者「貴然」が愛媛県内の男性に送りつけた督促状。サラ金から譲渡を受けた古い債権に多額の延滞金を付けて強い表現で請求している。

管理回収業に関する特別措置法、いわゆるサービサー法違反の疑いである。同法第三条はうたう。

第三条　債権管理回収業は、法務大臣の許可を受けた株式会社でなければ、営むことができない。

法務省司法法制課長黒川弘務・同省刑事局付検事石川宏樹両氏の筆による『改訂版　実務サービサー法』も解説している。

〈現行法上、債権回収を目的とする一般の法人は、弁護士法に抵触する違法な業務を目的とするものとして設立登記を却下されており、存在し得ないことになっています〉

すなわち債権回収業を業として行うことができるのは法務大臣が許可した回収業者（サービサー）か弁護士に限る。違反すれば三年以下の懲役または三〇〇万円以下の罰金という罰則の対象となる。そういうことだ。

ＣＦＪの債権を取り立てているクリバースは法務大臣の許可を受けた債権回収会社ではない。明らかなサービサー法違反、ヤミ回収会社ということになってしまう。

「灰色なんてものじゃない、真っ黒。どうしてこんなでたらめが許されるのか」

憤懣やるかたない様子で話すのはクリバース元社員のＭ氏だった。創業時から同社で回収を担当してきたが、あまりの違法ぶりに疑問を感じて退社したという。

Ｍ氏によれば、ＣＦＪからクリバースに債権が売られたのは二〇〇六年の春から秋にかけてのことだった。譲渡は都合三度にわけて行われた。その規模が半端ではない。口座数で約三〇万件、簿価一〇〇〇億円以上――。

数字を裏づけるものとしてＭ氏は同社の「営業報告書」を見せてくれた。そこには確かに「ＣＦＪ―3」との記号、そして、それに並んで「一五万」「五二〇億円」との記載がある。Ｍ氏によればＣＦＪからの第三回目譲渡分が一五万口座、簿価約五二〇億円あるとの意味だという。報告書にはまた「ＣＦＪ―1」「ＣＦＪ―2」という記号もあった。これはそれぞれ第一回譲渡分と第二回譲渡分を指すとのことだった。「ＣＦＪ―1」と「ＣＦＪ―2」の口座数・金額は書かれていない。これについてＭ氏が言う。

「推定ですが、それぞれ七万から八万口座、簿価で各二〇〇億円から三〇〇億円くらいですね」

三回分すべてあわせれて三〇万口座、一〇〇〇億円以上という計算だ。クリバースが購入したのは入金が滞って年月が経った不良債権ばかりだったという。

疑問がわいた。そんなものを大量に買ってどうするのか。

M氏が答える。

「(年月が経って)古ければ古いほどたくさん遅延損害金をつけられるからオイシイんです。本人はまず払えないので、親や兄弟がターゲットですね」

実際に請求する金額は利息・遅延損害金を加えて簿価の二倍から二・五倍。たとえば債権の元本額が二〇万円なら四〇万円から五〇万円を請求する。つまり簿価で一〇〇〇億円の債権があれば、二〇〇〇億円から二五〇〇億円の取り立てを行うことになる。仮にこのうちの一割を回収したとすれば売り上げ高は二〇〇億円から二五〇億円になる。だからオイシイというわけだ。

だがグレーゾーンの問題がある。利息制限法で金利の再計算をやれば「債権額」はずっと少なくなるはずだ。簿価一〇〇〇億円といっても実際はそんな額ではない。グレーゾーン金利の請求はサービサー法でも禁止されている。

これについてもM氏はいう。

「利限(利息制限法)計算などやるわけないですよ。〝過払い〟になっている可能性があっても構わず回収しまくっていました。でたらめもでたらめ。たった六〇日の業務停止なんて大甘ですよ。即刻登録取り消しにすべきです」

六〇日の営業停止は「大甘」だとM氏は怒る。大甘というのには根拠があった。東京都は当初、もっと厳しい業務停止一八〇日間という処分を予定していたが、大幅に軽減して六〇日になったというのだ。処分直後に作られたクリバースの内部文書がそれを裏付けている。

〈貸金業対策課・課長によれば決して重い処分ではなく、当初は一八〇日の処分の対象でありましたが、その後の真摯な反省と再発防止に向けての好対応によって短縮した処分であり、くれぐれも安易さによる勘違いや、特に再発のないようにとのことでした〉（〇七年八月一日付　クリバース取締役会通達）

「反省なんかぜんぜんしてません」

そういってM氏が示したのは二〇〇七年八月二七日付の営業報告書だった。指差す部分をよく見ると、一億円以上を回収したことを示す記載があった。また「目標額《ノルマ》」も各課や社員ごとに設定されている。八月二七日とは営業停止期間中、営業停止期間中でも回収やっていた証拠だとM氏はいうのだ。

このほかにも不問にされた不正はあるという。

クリバースは東京都知事登録の貸金業者だから、貸金業規制法で都知事登録業者は都内でしか営業所を持つことはできない。他の府県をまたいで営業するためには財務局の登録が必要となる。だが管轄外の札幌市にまで支店を構えてひそかに営業をしていたというのだ。場所は札幌市豊平区のＪＡ月寒中央ビル。本来営業してはならない北海道で営業を行ったヤミ支店疑惑である。

M氏は「ヤミ支店」の座席表を持っていた。数十人分の席にそれぞれ名前と電話番号が記されたものだった。

念のため、この座席表をクリバースが各地に送りつけた請求書や督促状と照合してみたところ、複数のケースで「〇三」の電話番号や担当者名が一致した。資料は信頼できそうだった。

奇妙なことに、電話番号は東京の市外局番「〇三」ではじまるものと札幌「〇一一」ではじまるものとの二種類が並んで併記されている。本当は札幌で回収作業をやっているのにあたかも東京で行っているかのように装うために電話を転送させていた、とM氏は説明する。

「札幌で営業するのは違法です。都にも連絡しました」

だが「ヤミ支店」についての処分はなかった。

二〇〇七年八月に営業停止処分を受ける数ヶ月前、クリバースは関東財務局に登録替えの申請を行っていたという。東京都知事登録から財局登録に変更すれば札幌で営業することに問題はなくなる。申請の動機は自然だが、同年六月になってクリバースはこれを取り下げる。その理由について筆者は当初、問題が多い業者なので財務局側が登録を渋ったのだろうと考えていた。ところがそれは見込み違いだったと後にわかる。

申請取り下げは「金主」の動きと連動していのだ。

◆資金源は穀物メジャー「カーギル」

確かにクリバースの営業ぶりはあまりにも大掛かりで不自然な印象があった。東京の営業所は大企業が入居するオフィスビルの広いフロアを借りている。家賃は月数百万円をくだらないだろう。札幌支店があるビルもショッピングセンターが入る一等地である。従業員は軽く一〇〇人を超えている様子だ。それだけの規模がありながら貸し付けをしている気配は皆無。融資を呼びかける宣伝も、看板すらもない。一〇〇〇億円もの債権を買う資金に加えて営業資金が必要だろう。半端なカネでないことは間違いない。一介の都知事登録貸金業者がどうやってこれだけの資金を調達したのか。

このあたりの実情にもM氏は詳しかった。

「カネを出したのは穀物メジャーのカーギル（本部・米国ミネアポリス）ですよ。系列会社のカーギルインベストメンツジャパン、カーバルインベスターズジャパンを通じて買い取り資金を融資しているようです。カーギル関係者がよく顔を出していましたよ」

金主はアメリカの穀物メジャー「カーギル」だった。M氏の見立てによれば、債権の買い取り資金として簿価一〇〇〇億円の平均三％にあたる約三〇億円、これに営業資金を加えて、合計四〇億円から五〇億円がカーギルからクリバースに融資された可能性があるという。

「クリバースの営業（回収）ノルマは月間三億円弱でした。この中から半分以上をカーギルに返済していると いう話を経営幹部から聞いたことがあります」

時効債権であれ、破産債権であれ、なりふり構わず取り立てていた理由もこれでわかる。「金主」であるカーギルに返済する必要に迫られていたのである。回収高を稼ぐために日々取り立てに励まざるを得ない。

M氏はいう。

「請求をしても本人はまず払えません。だからターゲットは親・兄弟など第三者です。もちろん違法です。疑問を持つ社員もいましたが上司が圧力をかけてやらせていました。幹部の中には武富士出身者もいましたね。とにかくこんな大掛かりなことがクリバースの発想でできたとは思えません。海の向こうでカーギルとシティが話でもしたんでしょうか」

ここで「申請取り下げ」の理由がみえてくる。

クリバースは関東財務局に登録申請を出しておきながら二〇〇七年六月にこれを取り下げたが、その直前の五月三一日付でひとつの会社が札幌市内に設立されている。所在地は札幌市豊平区のJA月寒中央ビル。クリバースのヤミ支店が置かれていたのと同じ場所だ。会社の名前は「株式会社オリンポスホールディングス」(オリンポスHD)。設立時の資本金は一〇〇〇万円で後に四五〇〇円に増資されている。業種は「投資業および投資業に付帯する一切の業務」、代表取締役が森岡幸人氏。取締役に小泉洋一朗氏。M氏いわく森岡氏は「貴然」の元役員、そして小泉氏はカーギルインベストメンツジャパンの元社長である。

オリンポスHDは何のために作られたのか。事情はある訴訟のなかで明らかになった。クリバースの経営の不当性を訴えてM氏が同社を相手どり東京地裁に起こした裁判である(後にM氏は敗訴する)。

訴訟記録によれば、オリンポスHDは、株式の三三％をカーギルが保有する「カーギルの会社」だった。設立から三週間ほど後の二〇〇七年六月二二日、オリンポスHDは休眠状態のサービサー会社「エイ・アイ・ピー債権管理回収株式会社」（東京都）の全株式を購入して完全子会社にした。そして「エイ・アイ・ピー」を「オリンポス債権回収株式会社」と名称変更し、所在地を札幌のJA月寒中央ビルに移す。そしてオリンポスの社長に森岡氏が就任し、「サービサー」として営業を開始した。

クリバースのヤミ支店があった場所は、現在「オリンポス債権回収株式会社」になっている（札幌市豊平区）。

　M氏によれば、クリバースのヤミ支店がそのまま「オリンポス債権回収株式会社」になっただけだという。ヤミ回収会社から本物のサービサーに看板を付け替える一大工作。資金はカーギルが提供した。

　一連の流れを追っていけば、クリバースが都から業務停止処分を受けた二〇〇七年八月という時期は絶妙というほかない。ヤミ回収業者から法務大臣許可の「オリンポス債権回収会社」に変身をする一連の作業が成功裏に終わった、ちょうどその直後にあたる。保有債権をオリンポスに移しかえる準備が整った以上、クリバースの役割は終わった。都が処分したのは抜け殻同然になった会社だった。

◆東証上場とサブプライム問題

わからないのは、シティグループという国際的な大企業がなぜクリバースのような悪質業者と手を組んだのか、という動機の部分である。

疑問を解いてくれたのは債権譲渡の内情を知るＣＦＪ元社員の女性だった。

「狙いは日本市場への上場にある」

きっぱりと女性は言った。

「シティグループは東証一部に上場したかった。上場する過程で子会社であるＣＦＪの経営状況も審査されます。しかしＣＦＪの内情は不良債権だらけなんです。そこで考えついたのがクリバースへの売り飛ばしでした」

元社員の女性はクリバースに債権譲渡が行われた当時の経緯を間近に目撃したという。その概要はこうだ。

二〇〇六年はじめごろ、社内でひそかに〝不良債権売却計画〟が練られた。立案者は回収部門のトップをしていたアメリカ人。アメリカの元官僚で滞納した公共料金の徴収を担当していたという噂だった。ＣＦＪはもっとも規模が大きかった時代で一兆五〇〇〇億円を越す貸付残高を持つサラ金業界最大手だった。顧客も二〇〇万人前後いた。だがその実態は「ボロボロ」だった。というのも他社借り入れが少ない「上客」がまず利用するのがアコムやプロミス、次に武富士・アイフルで、ＣＦＪは「三番目か四番目に借りる業者」だったからだ。多重債務になりかけた顧客に貸すのだから焦げつく恐れは高い。不良債権売却計画は、ＣＦＪが抱えるこうした大量の不良債権のうち無担保融資分だけを抜き出してクリバースに売るというものだった。「素性の知れない会社に債権を売り飛ばすなんてとんでもない。そんなことをしたらお客さんがどんな目に遭うかわからないではないか」と、驚いて反対した。サービサー法違反という明白な違法行為をやらせることにもなる。別の社員からも異論はあった。しかし売却は実行された。本来なら法務担当部署が止めるはずだが、まったく機能していなかった。売り飛ばしたのは「普通の不良債権」だけではなかった。顧客台帳など書類を紛失したようなものも売ろうとした。全国の支店にあった「紛失債権」を集めたらダンボール箱六〇〇箱もあった。担当させられた社員は「どうするんだ！」と上司に詰め寄られていた。その社員がどうなったのか、ダンボールの中身がどうなったのかはわからない。

ひととおり話し終えると女性は言った。
「外資系の企業で働くのはもういやです」

クリバースの処分から少しさかのぼるが、二〇〇七年二月、ＣＦＪがクリバースに債権を譲渡する際、個人信用情報までつけて引き渡していたという事実が発覚した。

個人信用情報とは「個人信用情報機関」に集められたサラ金利用状況の個人データだ。借り入れ・返済状況・住所・勤務先・連絡先など細かく登録されている。情報機関の会員になっているサラ金業者は回線を通じてデータを閲覧し、融資可能かどうかを判断する手がかりにする。融資の審査という本来の目的以外には使えないし、外部に漏らしてはならない。その旨利用契約にうたっている。

それをCFJは侵したという。内部告発によって問題化し、個人信用情報機関のひとつJDB（ジャパンデータバンク）が二〇〇六年秋にCFJの立ち入り検査を行った。その結果、一週間の利用停止処分を下すのだが、どういう事情か処分の事実は長らく隠されてきた。筆者がJDBに問い合わせても「公表義務がない」というばかりだった。結局、事実確認の作業は国会へと持ち込まれる。二〇〇七年二月二二日の参議院財政金融委員会で、大門実紀史参議院議員（共産党）が追及した。

大門議員　去年（二〇〇六年）の一二月の初めごろ、信用情報機関であるジャパンデータバンク、JDBと言われておりますけれども、これは全情連に加盟している信用情報機関ですが、そのJDBがCFJに対して、先ほど言いましたクリバースに対して顧客の信用情報を債権を売るときに一緒に売っちゃったと、売却したということを理由に一週間程度の利用停止という処分を行ったというふうに確認をいたしましたけれども、この事実を金融庁としてはつかんでおられますか。

答弁に立ったのは佐藤隆文・金融庁監督局長である。

佐藤　御指摘の件は民間会社の間の個別事案でございますけれども、御指摘のジャパンデータバンク、JDB自身が外部からの問い合わせに対して一定の回答をいたしておりますので、私どもの状況認識について一言申し上げますと、JDBはCFJに対しまして、昨年一二月初めの一週間、信用情報の提供を停止する処分を行ったというふうに確認いたしております。

大門　何月何日とか、処分の具体的な内容はお聞きになっておりますか。

佐藤　昨年一二月初めの一週間ということでございます。

それから、事案の詳細等については公表されておりませんが、私ども聞いたところでは、一部報道にあるようないわゆる目的外利用を認定したものではないというふうに聞いております。

大門　今、この個人情報が流出しても、金融庁にも正式な報告がない、情報を売られた本人も分からないという状況になっております。JDBはこの処分を公表しておりません。現行法では公表義務はないということだそうでございます。ですから、金融庁の今の答弁で公の場で初めて処分があったという事実が確認されたというふうな変な話になっているわけです。金融庁への報告義務もありませんし、CFJはずっとだんまりを決め込んでおりました。JDB、ジャパンデータバンクとCFJの間だけでこの個人情報の流出が処理されたということで、これはとんでもない事態だと思います。これは、本来、信用情報機関の対応としても、もちろんサラ金会社もそうですが、この現状というのは大変おかしい事態じゃないかと思いますが、いかがでしょうか。

佐藤　御指摘いただきましたように、現行制度の下におきましては、信用情報機関は金融庁の監督対象になっていないということで、信用情報機関が会員に対して行った処分について当庁に報告することは義務付けられておりません。本件につきましては、当庁でＪＤＢに問い合わせて確認をしたということでございます。

驚いたことに処分は金融庁にも報告されていなかったという。引き続き、大門議員はクリバースへの不良債権飛ばし問題について質した。答弁を求める相手は山本有二・金融担当大臣だ。

大門　このクリバースには八万口で二回、すなわち一六万口の債権が売却されたという情報を私つかんでおります。一六万口というと、仮に一口五〇万としても八〇〇億となる規模ですから、量からいって相当の、その中の全部とはまだ分かりませんが、相当の何万件という情報が売られた可能性が強いわけですから、是非、個別には答えられないでしょうけれども、報告徴求なり精査をしてもらいたいというふうに申し上げておきたいと思います。

私は、ＣＦＪは、先ほど言いましたシティグループ、世界最大と言ってもいいし、アメリカ最大と言ってもいいわけですけれども、そういう金融グループの一員がこういうことをやっていると。そのシティグループがこのまま何事もなく日本の株式に、数年ぶりらしいですけれども、上場していいのかと、ちゃんと正してもらわなければならないというふうに思います。業界の中では日本のサラ金には厳しいけど外資系には甘いという声も聞かれたりしているわけですけれども、私はそんなことはないと信じておりますが、山本大臣、その辺の、シティグループもかかわる問題ですからこの点はきちっとしてほしいと思いますが、いかがでしょうか。

山本　シティグループでは、（二〇〇七年）一月二九日、本年七月までに日本におきまして在日支店の現地法人化及び銀行持ち株会社の設立を行う計画を発表したものと承知しております。個別事案への対応についての言及はなかなかし得ないわけでありますけれども、一般的に、法令違反に関する重大な疑義が提起されれば、事実関係の把握に努めた上で、国内企業であるか外国企業であるかを問わず、内外無差別の原則の下で法令に基づいて厳正かつ適切に対処する所存でございます。

クリバースが「大甘」の業務停止処分を受けたのはこの審議から約半年後。「法令に基づいて厳正かつ適切に対処」した結果だった。

◆シティG不祥事の歴史

シティグループの現代史は不祥事の連続といってもよい。

記憶に新しいところでは、二〇〇四年、在日シティバンクのプライベートバンキング部門が不正を行ったとして金融庁から事業撤退を命じられた。同時期にアメリカ本国では、エンロンの不正や資金洗浄にかかわるなどコンプライアンスに問題があるとしてFRB（米国連邦準備制度）が大型M&Aを禁止する処分を出した。

金融庁の処分以降、日本におけるシティグループの営業の柱はサラ金部門、つまりCFJだった。サラ金市場に参入する際、一説には二兆円規模の投資を行い、一〇%以上の利回りをうたって投資家からカネを集めたともいわれる。「高利回り」をたたき出すはずのCFJは、しかし問題だらけだった。総額一億九〇〇〇万円にのぼる取引履歴改竄に実印偽造。社員待遇も劣悪で不当解雇や賃金未払いといったトラブルが噴出した。そこへ浮上したのが「ヤミ業者への不良債権飛ばし」というあらたな問題である。

クリバースのやっていることは明らかにサービサー法違反にあたる。ところが監督すべき法務省や金融庁、東京都はいずれも告発に動こうとしない。

二〇〇七年夏、シティグループは「日本での業務についてアドバイスする」という名目で「外部諮問会議」というものをつくった。会長は〝シオジイ〟こと塩川正十郎元財務大臣、副会長にベーカー元駐日大使が就いた。具体的にどんな「アドバイス」をしたのか定かではないが、日興コーディアル証券のM&Aやシティバンクの銀行免許取得などめまぐるしい動きの中で東証一部上場計画が進行する。

CFJのリストラも同時に進んでいたが、表向きは「事業を縮小する」とは決して言わなかった。上場一〇ヶ月前の二〇〇六年一月に支給されたシティグループ役員の報酬は次のとおりである。

▽チャールズ＝プリンス会長兼ＣＥＯ　二五九八万ドル（当時の為替で約三〇億円）
▽ロバート＝Ｅ＝ルービン業務執行委員会委員長　一七三四万ドル（同約約二〇億円）
▽ロバート＝ドラスキンＣＯＯ　一五七一万ドル（同約一八億円）
▽サリー＝クローチェックＣＦＯ　九九二万ドル（同約一一億円）
▽スティーブン＝ヴォルク副会長　九八三万ドル（同約一一億円）

このころＣＦＪでは、首切りの不安におびえる社員に対して幹部が「日本一の消費者金融をめざす」とうそぶいていたという。しかし外国人役員たちは数千万円単位の「インセンティブ」（特別報酬）を取って続々と引き揚げていった。

方や日本の現地従業員らは自宅待機を命じられ、基本給数ヶ月分の手当てで暗に自主退職を迫られた。シティグループのコンプライアンスに問題があることは〝焼畑商法〟の現場に駆りだされた日本人社員が誰よりもよく知っていた。

「シティグループの上場を認めるべきではない」

日本人社員らでつくるＣＦＪ労組は二〇〇七年九月、そういう趣旨の意見書を東京証券取引所に出した。しかし一顧だにされず、同年一一月五日、シティグループは東証一部に上場する。上場時にＣＦＪは連結決算からはずされていた。

おりしも暗雲が迫っていた。サブプライムローン問題で巨額の損失が明るみになりつつあったのだ。所得の低い層に対して金利を高く設定した住宅ローンを大量に販売し、その結果、不動産価格の下落とともに巨額の不良債権と化したという事件である。プリンスCEOの引責辞任は上場の前日だった。以後問題は膨らみ続け、上場時に四〇〇〇円台をつけた株価はわずか一年で一〇〇〇円台に下落。二〇〇八年秋のリーマンショックに伴う国際的な経済危機で下落はさらに続き、株価は一時一〇〇円台にまで暴落する。アメリカ政府の救済でかろうじて破綻は免れた。しかし株価の回復は鈍く、二〇一〇年八月現在で三〇〇円台を推移している。上場から三年足らずで一〇分の一以下の価値になった計算だ。

ワリを食ったのは日本の投資家だろう。巨額の資金が経営危機に瀕した外資系大企業に吸い上げられたままとなった。「クリバース事件」は早晩こうした展開になることを予測して周到に計画されたものではなかったのか。そうした疑いはぬぐいきれない。

サブプライムローン問題で株式市場や経済を大混乱させたとして、アメリカではシティグループに対して数多くの訴訟が起こされ、責任追及がなされている。有価証券報告書によれば、監督当局や州当局の調査を受けたり、社員に対する刑事訴追も行われている。また海外でもリーマンブラザース破綻に関連して不正行為があったとして、例えばベルギーやポーランド、ギリシャでシティグループ社員の刑事責任を問う動きがあるという。

一方、日本ではシティグループの責任を追及する気配は皆無に等しい。

これと前後してCFJ社長だったスティーブン＝バード氏は社長職を辞職してシティグループアジア太平洋地域CEOという要職に昇進した。CFJ社長の後任には副社長のダレン＝バックレー氏が就任した。バックレー氏は日本での「カントリーヘッド」という最高責任者にも就いた。

二〇一〇年一月一二日、シティグループは次のような発表を行っている。

〈スティーブン＝バード、シティのアジア・太平洋地域 最高経営責任者は次のように述べています。

「シティにとって戦略的に重要な日本市場において、シティがさらにその強みを増すことを図るうえで、ダレンが日本の事業基盤の代表となることを嬉しく思っています。ダレンは優れたリーダーで、日本への強いコミットメントを表明しています。ダレンが日本での 一〇〇 年以上の歴史において、シティを次の局面に導いてくれることを確信しています」

ピーターソン氏（ダグラス＝ピーターソン氏。在日シティバンクの前CEO＝筆者注）は次のように述べています。

「五年と半年にわたり、日本のシティの代表を務めたことを大変光栄に思います。底力のある日本という国に深い思い入れを持って臨んでまいりました。また、とても素晴らしい友人にも恵まれました。ダレンはすでに素晴らしい実績を築いており、日本におけるシティの事業基盤をさらに成功に向けて導いてくれるでしょう」〉

ピーターソン氏のいう「素晴らしい実績」にはクリバースが絡んだ一連の工作も入っているとみてよい。

都市部のＪＲ駅のホームに「ディック」の看板が現れたのは二〇〇六年ごろのことである。このデイックの看板はいつしかシティバンクの看板に変わった。そこにはこんな文句が書かれている。

DREAMS　NEVER　SLEEP　あなたの夢を眠らせない――

「あなたの夢」はきっと自分たちの「夢」でもあるのだろう。一攫千金のアメリカンドリーム、あくなきカネ儲けの夢。

「コンプライアンスのかけらもないこんな会社を上場させれば日本の財産が食い物にされるだけですよ」

上場の直前、クビを覚悟したCFJの日本人従業員が酒の席で嘆いた言葉を思い出す。そのとおりのことがいま起きようとしているのではないか。

（注）二〇〇九年六月、金融庁はシティバンクに対し、資金洗浄監視体制に不備があったとして個人向けの広告や勧誘などの業務を一カ月間停止する行政処分を下している。

第二章

サラ金を支えた脇役たち

絶頂期だった二〇〇一年、武富士は二四〇〇億円を越す経常利益をたたき出した。同じ時期にアコムは約一六〇〇億円、プロミスが約一二八〇億円の経常利益をそれぞれ挙げている。一年でイージス艦が買えるほどの巨利だが、これはサラ金会社だけの力でなされたものではない。周囲にそれを支え、利益に預かる者がいてこそ実現できたといえる。サラ金業界を取り巻く数々の「脇役」の中から、本章では早稲田大学と生命保険業界に関する話を紹介する。

早稲田大学に寄付をしているサラ金業界団体「消費者金融サービス研究振興協会」の事務局が置かれている三洋信販東京本社（東京都千代田区＝2007年当時）。

※早稲田大学「サラ金研究所」の研究1――業界の寄付金五一〇〇万円で〝研究〟

◆「寄付者にサラ金関係役員はいない」とウソ

二〇〇七年夏。東京都新宿区にある早稲田大学の構内には創立一二五周年の宣伝文句があふれていた。その伝統ある早稲田に「消費者金融サービス研究所」（サラ研）という研究機関があると知り、取材に取り掛かることになった。

ホームページによれば、サラ研は〝パーソナルファイナンス研究の拠点〟にすべく二〇〇〇年、研究者有志の発意で設置されたという。消費者金融サービス研究学会（サラ金学会）というのもあってサラ研はその事務局も兼ねているらしい。所長は坂野友昭・商学学術院教授となっている。

取材の狙いは研究資金の出所にあった。

早稲田大学に尋ねたところサラ研の運営は寄付が頼りだということがわかった。大学の資金は出ていない。寄付金は大学の「総合研究機構」という窓口を通じて受け取っている。サラ研の場合「消費者金融サービス振興協会」という団体より二〇〇〇年度から毎年六〇〇万円から七〇〇万円が寄付されてきた。寄付総額は〇七年度までの八年間で計五一〇〇万円。

「振興協会」とはどんな団体か。サラ金業界と関係があるのだろうか。大学に尋ねたところ、広報部は当初こう説明した。

「早稲田大学消費者金融サービス研究所のメンバーと消費者金融サービス研究振興協会の間に〈サラ金会社の〉関係役員はいません」

サラ金会社の役員がいない、というのは事実ではなかった。

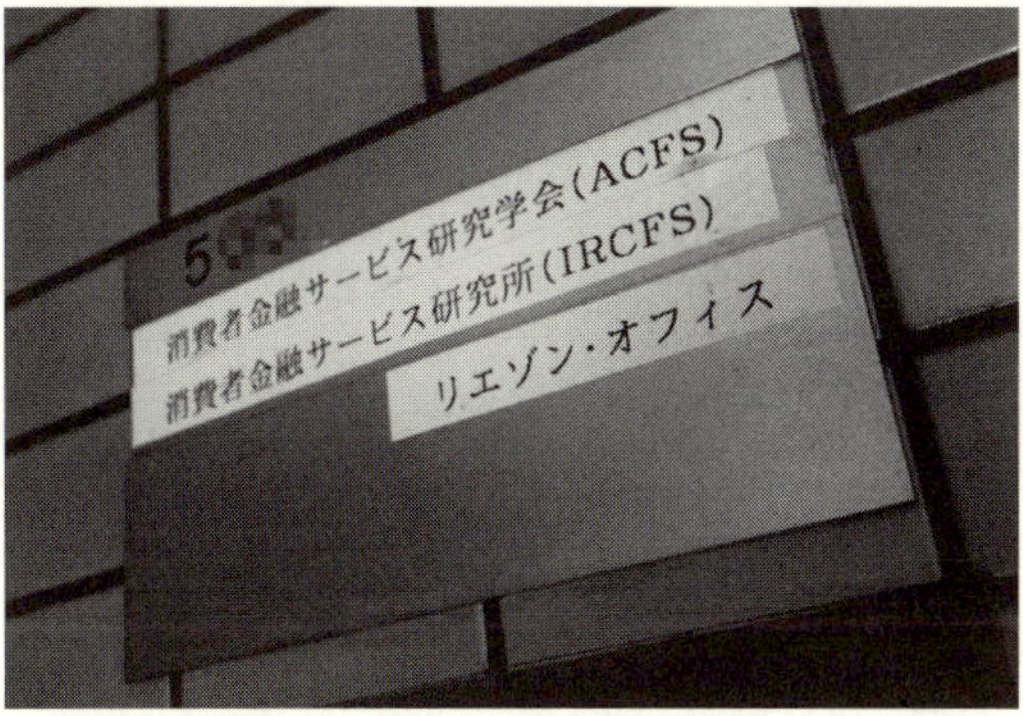

消費者金融サービス研究所の事務所に掲げられた表札（東京都新宿区＝2007年当時）。

振興協会の連絡先を調べたところ、事務局がサラ金会社の三洋信販に置かれていることが判明した。電話の問い合わせに同社社員が次のように教えてくれた。

〈消費者金融サービス研究振興協会(注1)は大手中堅のサラ金一一社でつくる任意団体だ。理事長は木下盛好・アコム社長。大手五社の残り四社（プロミス・アイフル・武富士・三洋信販）の経営者が理事を務めている。振興協会の運営費は会員一一社が出した会費でまかなう。活動はサラ研への寄付のほか、サラ金学会こと消費者金融サービス研究学会(注2)の懸賞論文に助成金を出す事業もやっている〉

振興協会は大手・中堅サラ金業者による一〇〇％の業界団体だった。

——振興協会は業界関係者がいないどころか、モロ業界団体じゃないですか。

早稲田大広報部に苦言を呈した。応対した男性職員は「そうですか。（サラ研側が）質問を勘違いしたのではないですかねえ」と言葉を濁した。大学の姿勢に疑問を感じた最初の経験だった。

ところで、サラ研に業界団体が寄付をした五一〇〇万円は何に使われたのだろうか。大学の説明はこうだ。

「アンケート調査費、事務委託費、海外データベース利用費、ホームページ管理費として毎年相当額を支出している。特定の研究者に研究費を出すことはしていないとのことです。もっとも、データベース利用費だけでも相当かかるらしいですよ」

「相当額」というだけで具体性に乏しい答えだった。それ以上は「守秘義務があるので回答できない」という。

振興協会にもカネの使途を尋ねたが「ウチも詳しい収支報告は受けてないんですよ」とこちらも頼りない。業界がカネを出す以上、何か期待するものはないのだろうか。率直に尋ねると振興協会担当の三洋信販社員は言った。

「ウチは研究にカネは出すが口は出さない。学会の研究助成に関しては理事会に諮っています」

ヒモつきのカネなどではないという。

そうは言っても、公表されている研究実績をみる限り、サラ研が業界の味方であるような印象を受けてしまうのだ。

◆サラ金業界がよろこぶ論文ばかり三〇本

サラ研が設立された二〇〇〇年というのは、「目ん玉売れ、腎臓売れ」の日栄や商工ファンドの乱暴な営業が社会問題化した年だった。事件の影響もあって出資法の上限金利が四〇・〇〇四%から二九・二%に引き下げられ、貸金業界への風当たりが強まった。またこの年に特定調停という制度もできた。本人による低コストの債務整理を可能にした司法制度だ。これを機に過払い金返還の広がりに加速度がつく。

もっとも、風当たりが強かったのは一時のことで、武富士など大手サラ金は傲慢そのものだった。マスコミにカネをばら撒いて批判を封じ、フリージャーナリストには億単位の高額訴訟で恫喝した。顧客に対しては、第三者の家族を巻き込む、記録を改竄して過払いをごまかすなどの不正をやり高収益をあげた。

サラ金業界がこうした社会問題を伴っている以上、業界に批判的な研究があってもよさそうなものだった。しかしサラ研が発表する論文にその類はみあたらない。設立以来二〇〇七年九月までの間で、サラ研のホームページ　http://www.waseda.jp/prj-ircfs/　に発表された研究は約三〇編。この中に規制強化を求めるなど消費者保護に焦点をあてたものは皆無である。

一方であふれているのが業界繁栄に都合によい論文だった。象徴的なのが坂野所長の研究『消費者金融市場における上限金利規制の影響日本のデータによる分析結果』（二〇〇二年）だろう。坂野氏は、金利規制を強めると業界の収益が減り違法業者が増えるとして次のように説く。

「経済学の原理を無視した形での表面的な消費者保護はかえって消費者の不利益につながることが多い」

二〇〇三年に出資法の上限金利引き下げ論が強まったとき、業界団体は頻繁にこの坂野論文を引用して規制緩和の必要性を主張した。その影響あって当時引き下げは見送られ、その後もサラ金各社はグレーゾーン金利で営業を続けることができた。坂野論文が金業界にもたらした利益は小さからぬものがあるだろう。

かたや、悪質なサラ金業者の告発や過払い金返還に取り組んできた弁護士・司法書士にとってみれば、サラ金規制を緩和すべきだという坂野氏の論調は理解しがたいものがあった。

「サラ金の規制緩和をしたほうが消費者保護になるなんて、いったいどうやったらそんな結論がでてくるのか」

そんな声がしばしば聞かれた。

疑問視されていたところへ明るみになったのが「業界から五一〇〇万円」の事実である。ヒモ付きではない、といわれてもにわかに信じがたい空気があった。

取材を進めるうちに、サラ金業界が出した「研究資金」はサラ研の五一〇〇万円だけではないことが判明した。

サラ研所長の坂野教授は、ある懸賞論文の審査員を務めていた。この懸賞論文のカネを出しているのが件《くだん》のサラ金業界団体「消費者金融サービス研究振興協会」だった。大賞五〇万円、入賞三〇万円、奨励賞二〇万円。二〇〇〇年から毎年一般から募集しており、二〇〇六年度までに七回実施されたという。(注3) 坂野教授以外にも早稲田大学の審査員として副総長の江夏健一教授や西村吉正教授が名を連ねている。西村教授は元大蔵省銀行局長という経歴の持ち主だ。

懸賞論文の過去の受賞者と作品がホームページに公開されていた。それをながめているうちに気がついた。やたらと早稲田大学の学生が目につく。はたして気のせいか。

試しに数えたところ、七回におよぶ懸賞論文で入賞した作品は「一般の部」のみで計四七本。経営論、消費者の「教育論」、規制緩和論——概してサラ金業界が望みそうな内容といってよい。この四七本のうち早稲田大学の学生が書いたものは一七本もあった。およそ三本にひとつが早稲田だ。しかもそのほとんどは坂野教授のいる商学部の学生のものだった。賞金でみれば商学部だけで約四〇〇万円を得た計算になる。

一般公募論文にしては早稲田びいきが過ぎるのではないか。疑問を持った筆者はホームページにあった懸賞論文の連絡先に電話をすることにした。住所は東京都新宿区のマンションの五階。「リエゾンオフィス」とある。「サラ研」と同じ場所だ。

「はい、消費者金融サービス学会です」と女性の声で返事があった。

——懸賞論文のことで聞きたいですが。

「わかるものに変わります」

別の女性が出た。

──懸賞論文ですが、早稲田の受賞者が多いと思うんですが。

「そうですか？　ではそこにあるメールに送ってください」

ホームページにはメールアドレスが記載されている。ここに送れということらしい。

──メールはどなたが見るんですか？

「いいですから、メールをお送りください」

女性は言った。少し面倒くさそうだ。

後日、指示されたとおりにメールを送った。返事はこなかった。

◆堂下浩東京情報大准教授

早稲田大学の学者や学生に資金提供してサラ金規制緩和を実現し、より高収益を挙げる──カネを出した業界の狙いがそこにあった疑いは濃厚となってきた。だがその熱意も二〇〇六年後半から減退してきたようだ。

振興協会事務局の三洋信販社員も「来年度も寄付を続けるかどうかは未定です」と元気がない。

──年間数百万円なんて微々たるもんじゃないですか。

そう尋ねたところ「事態は深刻です。リストラも進められているし…」と弱気な声で言うのだ。大学に研究資金を寄付すれば税金の控除対象になる。儲かって黒字のときは寄付に積極的だったサラ金業界も、相次ぐ過払い金返還で赤字決算になったとたんに意欲が減退したということなのか。

ひとつの新聞記事が目に留まったのはそんなことを考えていた矢先のことだった。『東京新聞』二〇〇七年七月二五日付朝刊の見開き特集だった。『東京新聞』はかつて武富士の批判記事を掲載して、同社から広告引き揚げの圧力を受けたことがある。サラ金問題に関しては比較的気骨のある新聞だと思っていた。その同紙がこんな見出しの記事を出している。

「零細破たん増に改正貸金業法の影／返せるのに貸し渋り?」

堂下浩・東京情報大准教授のインタビューだ。記事によれば、堂下氏はサラ金の顧客約一四万人を対象にアンケート調査を行った。それを分析したところ、規制強化をすればサラ金から借りられなくなった人がより深刻な借金トラブルに巻き込まれる恐れがあるとの結論が出たという。

堂下氏は語っている。

〈…多重債務に陥るかどうかを、自己を律する「セルフコントロール能力」と対人関係を築ける「ソーシャルスキル能力」という心理特性に注目、「完済できる人」は両方とも高く、「返済困難な人」両方とも低いという結論を得た〉

借金苦に陥るのはその人自身の問題だ、だから規制強化すべきではない。そういうことらしい。いわばサラ金苦の自己責任論である。

じつのところ、堂下氏は早稲田大学消費者金融サービス研究所＝サラ研の客員研究員という肩書きを持つ。ところが、なぜか記事ではその肩書きが紹介されていない。筆者は「アンケート」に興味を抱いた。

どんないきさつでどうやって「調査」をしたのか。調べてみると奇妙な事実が浮かんできた。

堂下氏のレポートによればアンケートの実施は二〇〇六年五月。ちょうど規制強化の是非をめぐって意見の対立が激化していたときだった。そしてその分析結果が初めて発表されたのは二ヶ月後の同年七月二七日、一八回目の「金融庁貸金業制度等に関する懇談会」の席だった。この日の懇談会に、堂下氏のアンケート調査の概要が二枚の資料として提出されている。

堂下資料には結論として次のように書かれている。

〈残高や金利の規制では『過重債務』問題の解決につながらない〉

懇談会には全国貸金業協会連合会の石井恒男会長も出席した。石井会長は席上、「『返済余力のない利用者』の特徴の一つとしては…（中略）…欲求をコントロールする能力が低い、といったことが挙げられる」という堂下アンケートを引用し、規制緩和を求める意見書を提出した。石井氏が述べたのは業界を代表する意見だが、引用した堂下アンケートはこのときはまだ一般には未発表だった。

期を同じくして、堂下氏の調査は業界誌『クレジットエイジ』（日本消費者金融協会発行）〇六年九月号でも記事になっている。ただここに紹介されたのはあくまで一般向けの簡単な内容で、研究論文らしい体裁で公表されるのは「懇談会」から一年後の二〇〇七年七月まで待たなければならない。

このときはじめて四七ページの「ワーキングペーパー」としてサラ研のホームページに掲載された。掲載された論文はいったん削除され、後日訂正版に差し替えて掲載された。

一四万人という大量のアンケートを実施からわずか二ヶ月で集計し、「残高や金利の規制では『過重債務』問題の解決につながらない」との結論を導いている。驚異的な速さだ。しかも論文を発表する前に「概要」を金融庁の懇談会に出し、同時に業界関係者がこれを引用している。タイミングもよすぎる。サラ金業界の意向を受けた「ヒモ付き研究」ではなかったのか。筆者はそう疑った。

研究費の出所を調べた。当然のことながら研究にはカネがかかる。堂下氏のアンケート調査の中でも民間調査会社の「マイボスコム」社などに依頼したと書いている。

サラ研が研究費を出したのだろうか、と早稲田大学に問い合わせた。返事は「否」だった。

「消費者金融サービス研究所が個人の研究者に資金を出すことはありません。堂下先生は、ご自分の研究費で研究を行い、掲載希望があったので研究所のホームページに掲載しただけです」

文部科学省の助成金を使った形跡もなかった。「ご自身の研究費」と早稲田大学はいうが個人のポケットマネーでまかなえる額とは思えない。

事情を聴こうと東京情報大の研究室に電話をかけた。あいにく連絡がつかない。仕方なく大学を通じてメールを転送してもらうことにした。

東京情報大学　堂下浩様

私はジャーナリストの三宅勝久と申すものです。

論文作成に必要な研究費（アンケート調査費など）は、どういった制度などを利用されたものなのでしょうか。差し支えなければご教授ください。

二〇〇七年九月六日　三宅勝久

結局返事はなかった。疑惑はいまも藪の中である。

◆論文なき企業受託研究

早稲田大学が企業や団体から寄付や受託研究を受け入れる窓口に「産業経営研究所」というういう別の組織があると知った。略して「産研」という。ホームページをながめていたところ「産研のあゆみ」という題する項に次の記述を発見した。

〈一九九九年四月七日～二〇〇一年三月三一日　受託研究受け入れ（消費者金融サービス研究振興協会）〉


「消費者金融サービス研究振興協会」とは、サラ研に資金提供している業界団体ではないか。

ホームページの記述はどういう意味なのか、産研に電話をかけて尋ねた。電話に出た職員は親切に教えてくれた。

「特定の研究者に振興協会がお金を出して研究を依頼した、ということですよ」

「どんな研究だったのか知りたいし、論文をみたいんです」

そう願い出ると、しばらく間を置いてから返事があった。

「この受託研究については産研の発行する論文集などに関連論文が掲載された形跡はありません」

論文は研究の成果である。その成果が早稲田大学にはないという。ならば発注主である「振興協会」に聞くしかない。協会に問い合わせたところ、どういうわけかこんな答えが返ってきた。

「帳簿を調べたところ、産業経営研究所に研究を依頼したり経費を出費した事実はみあたりません」

何かの間違いか、と早稲田大学にあらためて確認した。やはり「確かに契約した事実はある」という。一九九九年四月七日、消費者金融サービス研究振興協会の当時の理事長山田裕三氏（プロミス社長）と産業経営研究所の間で契約は取り交わされた。研究テーマは「『21世紀の消費者金融サービス産業の展望』の調査研究」だ。回答は具体的だった。

なぜ振興協会の「帳簿」に載っていないのかわからないが、早稲田大学の説明を聞く限り受託研究を受けた事実は間違いなくあるようだった。ただ契約金額や研究者名、研究費の使途については「守秘義務があり回答できない」と早稲田大学はいう。

もっとも研究者の特定はすぐにできた。早稲田大学のホームページで研究者の業績データベースを検索したところ、同名の「業績」が掲載されていたからだ。データベースによれば研究担当者は坂野友昭教授だった。サラ研所長その人である。坂野教授は一九九九年から二〇〇一年までの二年間、「

企業等からの受託研究」として「二一世紀の消費者金融サービス産業の展望」（Consumer Financial Services for the 21st Century）に取り組んだとある。ただしここでも発表論文等については記載がなかった。

坂野教授が個別にサラ金業界から研究費をもらっている事実は確認できた。しかし、いくらの研究費が彼に支出されてどう使われたのか、これについても真相は闇の中である。

（注1）消費者金融サービス研究振興協会の二〇一〇年八月現在の理事長は山本睦彦三洋信販社長。会員は八社で、引き続き早稲田大学消費者金融サービス研究所に寄付を続けている。寄付額は同振興協会事務局によれば二〇〇八〜二〇一〇年度の三年間で一四〇〇万円。サラ研創設以降の寄付総額は六五〇〇万円。

（注2）消費者金融サービス研究学会は二〇〇九年五月から「パーソナルファイナンス学会」と名称を変更、二〇一〇年八月現在の会長は元大蔵省銀行局長で早稲田大教授の西村吉正氏。

（注3）消費者金融サービス研究振興協会は二〇一〇年現在、懸賞論文は行っていないという。

※早稲田大学「サラ金研究所」の研究2――坂野所長に懲戒処分、江夏副総長にも寄付金還流か

坂野友昭教授のゼミ募集停止を告知する早稲田大学のホームページ。懲戒処分によるものだったが学生にはいっさい理由の説明はなかった。（2007年9月）。

◆サラ研所長　突然沈黙の謎

二〇〇七年も秋になり、早稲田大学創立一二五周年式典が目前に迫ってきた。

「早稲田の坂野友昭教授は最近どうしたのかな？　ぜんぜん（記事や論文を）見かけなくなったが…」

サラ金問題を取材する記者たちの間でそんな話が出るようになった。

坂野教授といえばサラ金業界寄りの積極的な発言で知られる人物だ。早稲田大学消費者金融サービス研究所（サラ研）の所長でもある。貸金業規制法改正をめぐり業界側と消費者側の激しい対立が続いていた二〇〇六年五月には、『朝日新聞』ホームページの特集広告（早稲田大学出稿）

でこんなことを言っている。

「上限金利の引き下げには慎重な検討を」

「上限金利の引き下げは高リスク者を市場から排除し、経済にもマイナス」

「上限金利だけでは社会的弱者は保護できない」

それほどサラ金業界の動向に熱意を抱く坂野教授が、二〇〇七年に入ってから急に静かになった。前年一一月の『日本の論点二〇〇七』（文藝春秋）に「グレーゾーン金利をどうする／上限金利の引き下げは多重債務問題の解決どころか景気暗転の恐れあり」を書いて以後、記事も発表していない。そんなところから噂が立ったのである。

気になっていたところ、ある情報が届いた。毎年一〇月に募集している坂野ゼミの募集が突然停止されたという。学生に告知がなされたのが直前の九月二一日。突然のゼミ生募集中止など異例である。また、授業も中止された。連絡もつかない。学生は困っているという。

情報を確かめようと調査に着手したところ、事情がみえてきた。坂野教授は大学当局から取り調べを受けていたのである。二〇〇七年四月に調査委員会が設置され、以降調査が行われていたのだという。疑惑とは入試にかかわるものらしい、ということもわかった。

さらに真相を確かめるため早稲田大学広報部に電話をかけた。

――坂野教授のことで聞きたいんですが。

「いまはコメントできません」

男性職員がにべもなく言った。

——四月に調査委員会をつくったと聞いているんですが。

「ええ」

調査委員会の存在は認めた。堀越佳治・理工学部教授が委員長を務めているという。だが調査の内容、経過については「コメントできない」と繰り返す。口は固い。近く予定されている創立一二五周年式典を意識している様子がうかがえた。

むろん真相をもっともよく知っているのは坂野教授本人だ。直接本人に聞くことにした。一〇月五日、坂野教授の研究室に電話をかけた。不在だ。自宅に電話する。長い呼び出し音につづいて「はい」と男の小声で返事があった。

——坂野先生ですか?

「いまいないんですが…」

——いつ戻られますか?

「わかりません」

その後、何度か自宅にかけてみたが応答がなくなってしまった。

翌日の昼、千葉県内の自宅を訪問することにした。郊外の駅舎を出てレタス畑が広がる住宅地の路地を進んでいく。古びた家並の中に真新しい豪邸が現れた。それが坂野邸だった。呼び鈴を押す。インターホンに取り付けられた監視カメラのレンズがこちらを向いている。十数秒の間を置いて男性の声がした。

「はい…」

電話で聞いたのと似た声である。

――坂野先生おいでですか？

「ちょっと出ちゃっているんですが」

――いつごろお戻りになるでしょうか？

「わからないんですが…」

連絡がつかないというのは本当だった。仕方がない。学生の入試の不正疑惑について事情を聴かせてほしい――そう手紙に書いてポストに投函し、豪邸を後にした。

◆二〇日遅れの懲戒処分発表

手紙の返事を待つまでもなく数日して事情は判明した。一〇月一〇日、早稲田大学は坂野教授を停職三〇日の懲戒処分にしていた事実を発表する。大学院入試の不正に関わったという。処分の日付は九月二一日。二〇日も前のことだった。

九月二一日とは坂野ゼミの募集中止が発表された日だった。当時大学は「コメントできない」と繰り返し、学生も事情がわからずに混乱していたが、じつのところ、処分によって授業やゼミ募集を中止させられていたのだ。

　大学の発表によれば処分理由は次のとおりである。

〈二〇〇五年度の大学院商学研究科後期博士課程の入試で、坂野教授はゼミ生三人（一人は受験を辞退）に出題者・採点者の構成を漏らすという便宜を図った。さらに試験後に口止め工作をした。この年の受験者は学外からの受験者一人を含む三人で、このうち便宜を受けたゼミ生一人が合格した〉

　受験に失敗したもう一人の坂野ゼミ生は翌年再受験して合格したという。なぜ坂野氏が自分のゼミ生に便宜をはかろうとしたのか、動機についての説明はなかった。

　取材を進めるうちに一人の男性が筆者に連絡をとってきた。坂野ゼミの内情に詳しいという。

「じつは調査が行われながら〝シロ〟となった疑惑がいくつもあるんです」

　そう彼は語りはじめた。

　疑惑のひとつは「穴あけ事件」である。答案用紙に小さな穴を開けておくようゼミ生の受験者に坂野教授が指示した疑いがある。穴を開けた坂野ゼミ生が調査委員会に証言した。その内容はこうだ。

〈坂野教授は授業中にサラ金の営業方法を例に挙げて「融資が困難な顧客が来店した場合に保険証の隅に小さな穴を開けて印をつける」といった話をした。これを聞いた受験予定のゼミ生たちは「答案用紙に目印の穴を開けろということだ」と思った。そして試験で実行した。坂野氏は採点者だった。穴を開けさせるのは答案を採点する際に回答者が坂野ゼミ生かどうかをひそかに判断するた

めだろうと、学生らは理解していた〉

実際、答案用紙には穴が開いており調査委員会も確認している。だが坂野教授自身は「指示はしていない」と否認した。結果処分は見送られた。

別の疑惑は研究費にまつわるものだ。架空の勤務票を学生に書かせて研究費を請求した疑いがあるという。

早稲田大学広報課に疑惑をぶつけた。処分決定後三週間も公表しなかった理由もあわせて聞いた。

——なぜ三週間も処分を明らかにしなかったのか？

「研究費についてはまだ調査が終わっていないからだ」

研究費については調査が終わっていないという。調査中なのに処分をするというのも解せない話だ。質問を続ける。

——調査が終わらないのになぜ処分したのか？

「…今回は不正入試についてだけ、ということだ」

——研究費の件でも不正が確認されたらどうなるのか？

「処分見直しもあり得ます」

結局、その後研究費の件は〝シロ〟と結論づけられ、懲戒処分に「見直し」はなかった。「調査中」とは公表を遅らせるための口実にすぎなかったのではないか、そんな印象を残した。

早稲田大学では研究者の不祥事が前年の二〇〇六年に起きたばかりだった。理工学部を舞台にした科学研究費補助金（科研費）不正需給事件である。女性教授が一億六〇〇〇万円の返還を求められ、処分された。同学部の男性教授も四七万円の返金を命じる処分を受けた。もっとさかのぼって一九八〇年には商学部で職員が入試問題を盗み出して流出させる事件があった。このときは四人が実刑判決を受けている。早稲田大学不祥事の歴史に「坂野事件」が刻まれることになった。

研究者としてのモラルを疑われる事態となった坂野教授だが、貸金業界が寄せる信頼は厚い。

出資法の特例により年利五四％もの高利で営業をしてきた日掛け金融は、過払い金の返還請求訴訟の中で坂野論文を証拠に出して反論を行った。

この裁判は、宮崎県内の原告一一人が二〇〇七年四月、日掛け金融会社のコスモ商事とタクト、保証会社のクレスト、ならびに各社の取締役に対して過払い金と慰謝料計約三八〇〇万円の支払いを求めて提訴したものだ。被告の金融各社は過払い利息の計算に必要な取引履歴を一年にわたって出し渋っており、そのことで慰謝料も請求している。

被告コスモ商事が反論の武器として使ってきたのが坂野教授の論文だった。『日賦貸金業の顧客実態調査分析』と題するアンケート調査が二部、一六〇ページもあるものを裁判所に証拠で出した。「（顧客の）満足度も高い」「日賦貸金業の顧客が上限金利規制を含む規制緩和に賛成している」と結論づけた内容が書かれている。この大論文を論拠にしてコスモ側は「自分たちの業種が現実的に一定の有効な社会的役割を果たしているものと評価できる」と主張した。

原告弁護団の一人はあきれたように言う。

「過払い金を返したくないから無理な理屈をこねているとしか思えない。そもそも坂野調査は日掛け金融業者の協力によって行ったとある。客観性に乏しく、作為的だ」

日掛け金融の特例をめぐっては、二〇〇六年の法改正でも大議論となった。金利の高さと悪質な営業ぶりに対する批判は強く、特例廃止が決まった。

斜陽を迎えた産業が最後にすがったのが「サラ金学会の重鎮」坂野教授だったということか。論文は誰でもサラ研のホームページからダウンロードできるよう配慮がなされていた。

原告代理人が続ける。

「坂野さんにはもう一度、顧客調査をやってほしい。ただし業者を介した方法ではなく、客観的で透明性のある調査ですよ。〝満足度が高い〟なんて結果が出るはずがありません」

◈江夏副総長の身内会社にサラ金資金還流か

二〇〇七年の暮れ、一二月三日には早稲田大学小野記念講堂でサラ研主催のシンポジウム「ノンバンクが果たす役割と経済・社会政策の在り方／新貸金業法の施行を踏まえて」が開かれるはずだった。ところが開催まで二ヶ月を切った一〇月半ばになって参加予定者に白紙撤回が伝えられた。坂野教授はシンポジウムの司会を担当していたという。

そんな混乱のさなか、サラ研をめぐるあらたな問題が明るみになった。

早稲田大字副総長・江夏健一教授（現名誉教授）の親族会社が、サラ研から「事務委託費」名目で金銭の支払いを受けていたというものだ。江夏氏は早稲田大学の常任理事兼副総長だった。サラ研創設当時の所長でもある。この大幹部の身辺にサラ金業界の「研究費」が還流していた疑いが出てきたのだ。

問題の親族会社は「株式会社国際ビジネス研究センター」、略してＩＢＩという。経営者は江夏薫氏。江夏健一教授と同居する親族だ。健一氏自身二〇〇二年六月から二年間、取締役をしている。

早稲田大学創立125周年式典で挨拶する江夏健一副総長。寄付金還流疑惑をうやむやにしたまま退官した（2007年10月12日、東京都新宿区の早稲田大学）。

「ＩＢＩは江夏先生の会社」

周囲ではそう呼ばれていたという。

ＩＢＩ社の登記簿謄本には、設立目的として「国際ビジネスに関する委託研究調査」「国際ビジネスコンサルティング」「国際ビジネスのセミナー及び研究会の企画運営」「海外ビジネス情報、文献、資料の翻訳」「ビジネス誌情報誌等の編集出版の代行」などを掲げている。所在地はサラ研と同じ新宿区内のビル。また、健一氏が取締役をしていた同じ時期に坂野教授も監査役に名を連ねている。

早稲田大学に確かめたところ、このＩＢＩ社とサラ研が所属する早大総合研究機構との間で「事務委託契約」が結ばれていることがわかった。つまり、サラ金業界がサラ研に寄付をし、そのカネが「江夏先生の会社」に流れている。カネはいくら流れているのか――質問を続けた。しかし早大広報課の職員は、事務委託の内容や取引高については「守秘義務がある」と回答を拒んだ。その上で付け加えた。

「せいぜい学生のアルバイト料くらいでたいした金額ではありませんよ。申し上げられないのが残念ですが…」

現場に行けば何かわかるかもしれない。そう考えてＩＢＩ社を訪ねることにした。早稲田大学正門近くにすぐに見つかった。八階建てのマンションで三階の一室がＩＢＩだった。表札に小さく「ＩＢＩ国際ビジネス研究センター」とある。

呼び鈴を押すと戸が開いて若い女性が現れた。

――江夏先生のことで伺いたいことがあるんですが。

「わかるものがいません」

体よく断られた。

一方サラ研の事務所は同じビルの五階にあった。ドアの上に小さく「消費者金融サービス研究所／消費者金融サービス研究学会」と表示されている。インターホンを押したがこちらは応答がない。

近くの不動産関係者に聞いてみることにした。結果明らかになったのは次の事実である。

〈IBI社が事務所にしている三階の部屋は広さ一〇坪ほど。五階のサラ研事務所は五～六坪の狭い場所だ。五階の部屋ほ二〇〇〇年頃にIBI社が借りた。家賃は月額およそ一〇万円である〉

サラ研が使っている部屋の家賃は月額約一〇万円という。年間にすれば一二〇万円だ。二〇〇〇年から借りているという。二〇〇〇といえばサラ研が誕生した年である。サラ研のために新たに部屋を借りたとなれば、保証金や保険、事務用品代などの初期費用もかかったことだろう。さらに人件費や高熱費・通信費を含めれば、事務所の維持費は少なく見積もっても年間二〇〇万円から三〇〇万円はかかる。IBIに流れているカネは本当に「たいした金額ではない」のだろうか。筆者は疑問を覚えた。

また江夏教授自身がIBIの役員として報酬を受けとっていた可能性も考えられる。監査役だった坂野教授にしても同様だ。大学教授が大学への寄付を原資に報酬を得ることに問題はないのか。

関係を図にするとこうなる。

サラ金業界と早稲田大学消費者金融サービス研究所、江夏健一教授をめぐる寄付金の流れ

サラ金業界
（消費者金融サービス研究振興協会）

↓（寄付金　年間600万円～700万円）

早稲田大学消費者金融サービス研究所
（坂野友昭所長）

↓（事務委託　金額不明）

ＩＢＩ社
（江夏健一教授の親族会社・江夏教授と坂野教授も一時役員をしている）

↓（家賃　推定月額10万円）

早稲田大近くのマンション
（消費者金融サービス研究所の事務所としてＩＢＩ社名義で契約）

早稲田大学広報部にいま一度尋ねる。

――職員の副業について定めたものはあるんでしょうか。

「内規はあります。倫理面を審査する部署もあります。しかし公表できません」

――江夏副総長の件は問題にはならないんでしょうか。

「さあ?　わかりません」

応対した職員は再三の取材にうんざりした様子で言った。

◆早稲田大とサラ金　蜜月の歴史

坂野教授の処分が発表されてから二日後の二〇〇七年一〇月一二日、早稲田大学商学学術院で創立一二五周年記念のイベントが行われた。一般に開放された企画にもかかわらず撮影・取材禁止が言い渡され、教授らスタッフが〝不審者〟に目を光らせる異様な空気だった。江夏副総長があいさつに立ったが坂野教授の懲戒処分や自身の疑惑に言及することはなかった。

一〇月二一日には、福田康夫総理をはじめ政財界の要人が多数参加して大学挙げての創立一二五周年式典が華々しく開催された。白井克彦総長はこうスピーチした。

「学問は常に時の権力や目先の富、名誉などから、自由で独立したものでなくてはなりません。学問の内容がどんなに地域、時代のニーズに対応して変化するものであっても、この原則は守られるべきものであります。一層、普遍性を持つ基礎学問を目指す『学問の独立』があってこそ学問を活用して地球社会に貢献する人材を育成することが可能になるのです」

「学問の独立」とは建学者・大隈重信が残した早稲田大学の三大教旨だ。学者が戒めるべきとは何かを端的に現す白井総長の言葉は痛烈な皮肉に聞こえた。

これからまもなくして江夏健一氏は早稲田大学を定年退官した。もっぱら大学を通じて行ってきた〝還流疑惑〟の追及もそれきりとなってしまった。

かつて、多重債務問題をテーマに坂野教授と論戦した経験のある宇都宮健児弁護士はいう。

「学者は本来中立の立場で独自の見解を述べるべきで、サラ金業界からカネをもらって業界寄りの発言ばかりする研究所には疑問を持っていた。不正が事実とすればあるまじきことだ。学者のモラルが低下しているのではないか」

早稲田大学とサラ金業界の関係が深まったのは一九九九年以降である。

一九九九年、消費者金融サービス研究振興協会が坂野教授に二年間契約で研究を委託。二〇〇〇年には武富士が子会社「テーダブルジェー」を設立し、早稲田大学「産学連携ベンチャー企業研究推進会議」と連携して営業していく構想を発表した。消費者金融サービス研究所（サラ研）が誕生したのもこの年だ。二〇〇三年一二月には、武富士の武井保雄会長が盗聴容疑で逮捕されるという事件が起きたが、直後に設けられた武富士コンプライアンス委員会で、外部委員に早稲田大学元総長の奥島孝康氏が就く。

時とともに処分のほとぼりはさめた。坂野教授はサラ研所長として活動を再開した。「振興協会」の寄付も存続した。早稲田大学とサラ金業界の蜜月関係は二〇一〇年のいまも続いている。

※サラ金を支えた生保マネー、自殺でも満額回収の「サラ金保険」ナンバー1は千代田と明治安田

◆「電車に飛び込んでくれませんかねえ」

サラ金の顧客のうちいったいどのくらいの人が自殺しているのだろう。このデータをなんとか得ることはできなものか。筆者はかねてそう考えてきた。

サラ金・ヤミ金が猛威を振るっていた二〇〇五年度時点で、警察庁の統計によれば三万二五五二人もの自殺者があったという。うち「経済生活問題」によるものが七七五六人を占める。自殺は病死に次ぐ死因の第二位である。〇五年度の交通死者（二四時間以内の死亡者）は六八七一人だから、経済苦で自殺する人のほうがはるかに多い。

「経済生活苦」の自殺の多さはサラ金と大いに関連がありそうに思うのだが、サラ金利用者の自殺に関する具体的数字は決して明らかにされてこなかった。

それに迫るための手がかりが、消費者信用団体保険、いわゆるサラ金保険だった。

この「サラ金保険」について、はじめて生々しい現場の話を聞いたのは二〇〇三年のことである。不良債権の回収を担当していた武富士元社員がこう言った。

「三宅さん。お客さんにダンシンかけているの知ってますか?」

「ダンシン?」

ダンシンとは団信＝団体信用生命保険の略称だった。住宅ローンにそういったものがあることは薄々知っていたが、サラ金にも保険があるとは初耳だった。社員によれば、生保会社とサラ金会社の間で契約を結び、サラ金の顧客が被保険者となる団体保険である。客が死亡すると、残債務分が保険金として払い戻される。自殺でも契約から一年が経っていれば支払われる。

彼はこうも語った。

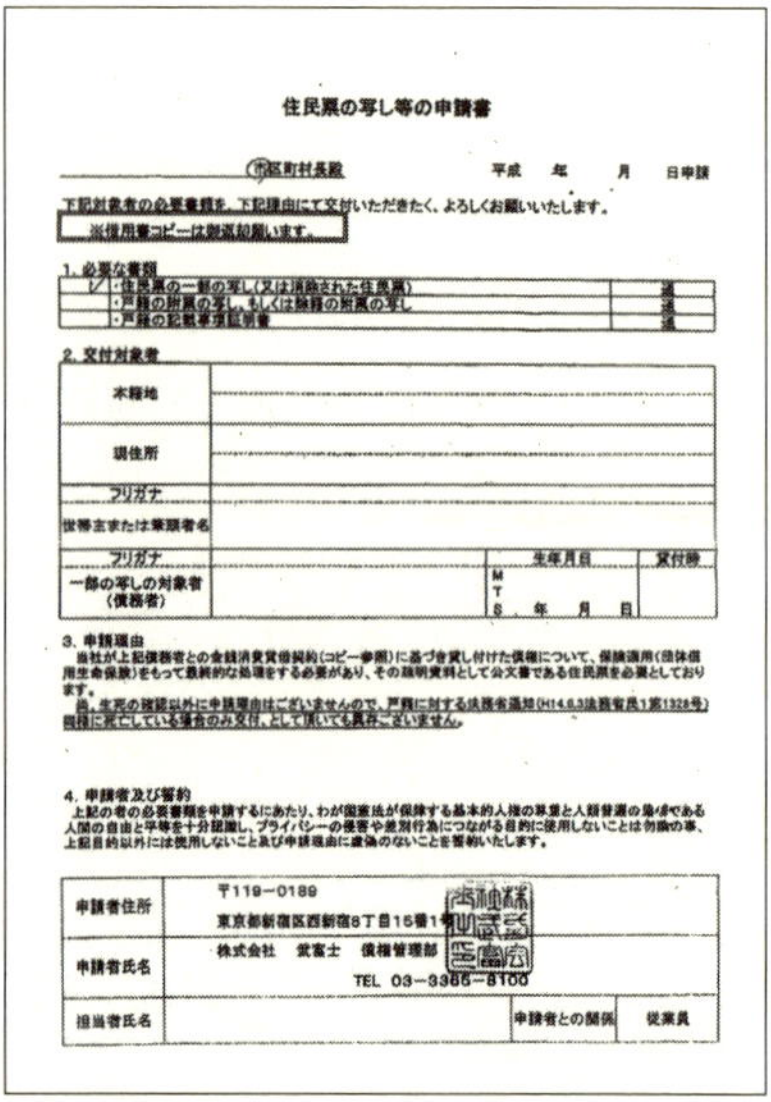

住民票の写し等の申請書

市区町村長殿　　平成　年　月　日申請

下記対象者の必要書類を、下記理由にて交付いただきたく、よろしくお願いいたします。

※信用書コピーは御返却願います。

1. 必要な書類

✓	・住民票の一部の写し（又は消除された住民票）	通
	・戸籍の附票の写し、もしくは除籍の附票の写し	通
	・戸籍の記載事項証明書	通

2. 交付対象者

本籍地			
現住所			
フリガナ 世帯主または筆頭者名			
フリガナ 一部の写しの対象者（債務者）		生年月日 M T S　年　月　日	交付数

3. 申請理由

当社が上記債務者との金銭消費貸借契約（コピー参照）に基づき貸し付けた債権について、保険適用（団体信用生命保険）をもって最終的な処理をする必要があり、その疎明資料として公文書である住民票を必要としております。

尚、生死の確認以外に申請理由はございませんので、戸籍に対する法務省通知（H14.6.3法務省民1第1328号）同様に死亡している場合のみ交付、として頂いても異存ございません。

4. 申請者及び誓約

上記の者の必要書類を申請するにあたり、わが国憲法が保障する基本的人権の尊重と人類普遍の原理である人間の自由と平等を十分認識し、プライバシーの侵害や差別行為につながる目的に使用しないことは勿論の事、上記目的以外には使用しないこと及び申請理由に虚偽のないことを誓約いたします。

申請者住所	〒119-0189 東京都新宿区西新宿8丁目15番1号		
申請者氏名	株式会社　武富士　債権管理部 TEL 03-3365-8100		
担当者氏名		申請者との関係	従業員

死亡保険金の支払いを受ける目的で、サラ金各社は所在が不明となった顧客について住民票の照会を頻繁に行っていた。武富士が某市役所に送った照会文書。「…貸し付けた債権について保険適用（団体信用生命保険）をもって最終的な処理をする必要があり…」と記載されている。

「行方不明者の住民票を請求していると、たまに死亡になっている。職場がわきましたね。保険で全額回収できるからノルマ達成に近づけるんですよ。遺族に問い合わせると結構自殺が多かった。最初は驚きましたがすぐに麻痺しました。払いの悪い客がいると、電車に飛び込んでくれませんかねえ、なんて会話が飛び交ったり。今から考えると異常な職場でした」

ひどい話があるものだ、とこの元武富士社員の告白を雑誌『週刊金曜日』で紹介した。とたんに「事実無根」で「名誉毀損」だとして武富士から一億一〇〇〇万円の損害賠償を求める裁判を起こされた。この裁判は最高裁まで争って二〇〇五年六月に筆者側の勝訴が確定する。

ダンシンの話を聞いて以来、こう考えてきた。

自殺でも契約から一年以上経っていれば支払われる。ということは、一年未満の自殺は支払いが免責される。保険金の支払いの際に死因を調べているはずだから、サラ金保険の記録を調べればサラ金顧客の自殺数がわかるではないか。

ただサラ金各社のガードは固く、実際にデータを入手することは難しかった。

〝命が担保〟のサラ金保険が大マスコミで取り上げられて世間の話題になったのは与謝野馨・金融担当大臣が金融庁に調査を指示した二〇〇六年夏以降のことである。大メディアの影響は大きい。世論をバックに金融庁は保険手続きの厳格化を命令し、現在審議中だった貸金業規制改正法案に自殺での保険金支払いを禁止する条項を盛り込むことになった。期を同じくしてサラ金各社は続々とサラ金保険の中止を発表する。

サラ金自殺の実態に迫るチャンスがこうして訪れた。

そもそもサラ金保険はどうやって運営しているのだろう。基礎的な勉強をするために大手生保会社に問い合わせると、広報担当の若い社員が親切に説明してくれた。

「サラ金保険は『共同引き受け』という仕組みで運営されます。ひとつのサラ金会社に対し複数の生保会社が共同で契約する仕組みです」

共同引き受けとははじめて聞く言葉だった。たとえば一万人の顧客がいて貸付残高一〇億円のサラ金会社が保険契約を結ぶ場合、A生保が五〇%の五億円、B生保が三〇%の三億円、C生保が二〇%の二億円、という形で引き受けてリスクを分散しているのだという。引き受けの割合については、各生保とサラ金会社の「親密度」の程度に応じてサラ金側が指定する。また、契約を結んだ複数の保険会社のうち一社が「主幹事社」となり、保険金の支払いなどの事務作業を代表して行う。

金融庁の調査結果によれば大手サラ金各社(注)の主幹事社は以下のとおりである。

サラ金会社	主幹事社	中止時期
アコム	明治安田生命	○六年一二月から中止
アイフル	明治安田生命	○六年一二月から中止
武富士	AIGスター(旧千代田生命)	○六年一一月から中止
プロミス	日本生命	○六年一○月から中止

CFJ（ディック）　明治安田生命　〇六年一二月から一部中止
三洋信販　三井生命　〇六年一二月から中止
（二〇〇六年三月末現在）
（注）大手サラ金五社とは、アコム・アイフル・プロミス・武富士・三洋信販をさす。

「消費者信用団体生命保険は、別名〝消信〟とか〝リボ団信〟とか呼ばれています。約款を統一し、業界の共通商品として売り出されたのは一九九三年のことです。それ以前のことはちょっと…」

彼が知っているのはここまでだった。九三年より古いことはわからないという。

どこかにもっと事情に詳しい人はいないものか。保険業界やサラ金業界の知り合いに聞いてみたが収穫は乏しかった。

暗中模索するうちに一人の男性にたどりついた。旧千代田生命元社員のAさんである。昭和の時代にまでさかのぼり、サラ金保険誕生の歴史に通じていた。

「サラ金保険を業界で初めて発売したのが千代田なんですよ。昭和五〇年代でした。相手は武富士です。『サラ金保険』――私たちも軽蔑の意を込めてそう呼んでいましたよ。ウチはもともと〝団信の千代田〟と呼ばれるほど団体保険には強い会社なんです。でもサラ金保険をめぐっては、不純な動機がありましてね…」

昭和五〇年代といえば〝サラ金地獄〟が社会問題になっていた時代である。規制らしい規制がない中で武富士をはじめとするサラ金会社は急成長を遂げつつあった。

Aさんのいう「不純な動機」とは何か。

「当時、保険業界は資金運用難でしてね。個人のお客さんから集めた豊富な資金をどう運用するか困っていました。安定して利益があがる運用先というのはなかなかありません。そこへ目をつけたのが武富士だったというわけです。そのころのサラ金業界というのは、銀行に冷たくされて資金調達に困っていました。千代田の社内では『反社会的な業界に協力すべきではない』と相当異論がありました。大蔵省も難色をみせていたんですが」

資金運用先を確保したい千代田と資金調達先を求めていた武富士。利害が一致したところで両者の関係がはじまる。武富士に対する融資はプライムレートより一～二％ほど高い金利を設定した。サラ金と生保が手を組んだ、そのいわば〝副産物〟として生まれたのがサラ金保険だったというわけだ。

千代田―武富士を皮切りに生保業界の消費者金融への融資がなし崩し的に広がっていく。

だが、まもなく誤算が生じる。サラ金地獄への社会的批判が高まったのだ。新聞もテレビも当時はまだサラ金広告に毒されていなかった。サラ金規制強化キャンペーンが展開され、世論の後押しを受けて一九八四年に貸金業規制法が制定される。

これによってより深刻な打撃を受けたのがプロミスだった。外国銀行が融資を引き揚げ、黒字倒産の危機に瀕する。絶対絶命のピンチを救ったのが、日本長期信用銀行と住友信託銀行、そして日本生命と住友生命だった。銀行と生保の資金援助を得てプロミスは立ち直っていく。

	サラ金業界の貸付総額	サラ金保険総保証額	被保険者数延べ
1994年度	5兆6728億円	3兆4463億円	9916万人
1995年度	6兆6103億円	4兆1411億円	1億2706万人
1996年度	7兆5886億円	4兆9090億円	1億5012万人
1997年度	8兆3550億円	5兆8219億円	1億7144万人
1998年度	9兆1404億円	6兆4818億円	1億6962万人
1999年度	9兆4966億円	7兆718億円	1億7144万人
2000年度	9兆9811億円	7兆5429億円	1億6559万人
2001年度	10兆6327億円	7兆7264億円	1億5669万人
2002年度	10兆1917億円	8兆8989億円	1億5116万人
2003年度	9兆7507億円	8兆7691億円	1億2134万人
2004年度	10兆2845億円	8兆6168億円	1億2868万人

（参照『インシュランス生命保険統計号』・クレジット産業協会の統計）

再びサラ金業界への生保マネー注入がはじまる。一九九三年以降「サラ金保険」は生保業界の共通商品となる。サラ金大手一社あたり数千億円規模の資金が注入されるようになるまでに時間はかからなかった。

パンドラの箱がいったん開いた後のサラ金保険の成長ぶりには目を見張るものがある。それはそのままサラ金業界の隆盛を現した。保険業界の内部統計によれば、一九九四年度の被保険者数は延べ約九九〇〇万人、保証金額（保証している債権総額）は約三兆四〇〇〇億円。それが一〇年後の二〇〇四年度には同約一億二八六八万人、八兆六一六八億円もの規模に膨張する。

シェアの大きい生保会社は、二〇〇〇年以前は千代田で、同年に千代田が破綻して以降は明治（後に明治安田）がトップを独走する。

明治安田生命が伸びた背景について同社関係者が話す。

「明治安田はもともと法人相手の団体保険が強い会社

なんです。サラ金保険は、収支はとんとんなんですが、団体保険のバリエーションのひとつではあります。個人的な意見ですが、シェアが伸びたのは、法人に対していろんな種類の団体保険を販売しようと営業努力した結果ではないでしょうか」

「収支はとんとん」というのは一応うなづける。保険の掛け金収入は一〇〇万円あたり三〇〇円強といわれている。貸付残高が一兆五〇〇〇億円クラスのサラ金大手一社あたりでざっと五〇億円ほどだ。その九割方は払い戻しにあてるという。したがって収益はせいぜい数億円とみられる。

大手生保の経常利益が数千億円にのぼることを考えればサラ金保険の利益などとるにたらない額である。

ならば生保会社はどうしてサラ金保険を売りたがるのか。これについては別の生保業界関係者が説明する。

「まず安定した資金運用先を確保したいというのがひとつ。株や不動産と違ってサラ金への投資はリスクが低いですからね。二つめにはスケールメリットです。つまり団体保険というのは、ひとつの契約で保証額何千億円・被保険者何千万人という数字が得られでしょう。この保証額と被保険者数がいかに大きいかが、当時は生保会社の業績を判断する物差しでしたから。しかも個人保険と違って逆ザヤなどのリスクはありません」

逆ザヤとは払い戻し金や利息の予定額や利息が運用益を上回って、保険会社が損を出す状態をさす。資金運用先を確保し団体保険の成績アップにもつながる。保険会社にとってサラ金保険は儲からなくてもそれなりに意味のある商品だったようだ。もっともサラ金保険の儲けが薄くても、サラ金に融資すれば利息収入がある。たとえば二〇〇〇億円を年利一・五％で貸せば年間収入は三〇億円。まったくの不労所得である。

二〇年以上にわたって続いてきたサラ金と生保の蜜月関係は、大手銀行の参入によって変化する。二〇〇四年、アコムが東京三菱銀行（現三菱東京ＵＦＪ銀行）と手を組み、プロミスは三井住友フィナンシャルグループと提携した。これと前後して両社の生保からの借り入れは減少に転じ、かたや都市銀行からの借入金は増えていく。

「サラ金にとって生保会社の役割は終わりました。また、保険会社もいまでは資金運用先に困らないでしょうからね」

そう分析しながら前出のＡさんが苦言を呈する。

「千代田の破綻に武富士盗聴事件。倫理に反することをした会社は結局問題を起こしていますね。これも何かの因果なのでしょうかねえ。サラ金保険を担当していた千代田の元社員もいまはどうしていることやら。武富士の武井（保雄）元会長とゴルフに行って『刺青を見た』なんて話をしていたこともありますよ」

生保会社の業績をはかる基準も変わってきた。扱う保険の規模よりも健全性が重視される時代である。サラ金保険はいつやめても構わない状況のところへ批判が高まりだした。サラ金会社にしても保険会社にしても、サラ金保険をやめるのにちょうどいい機会だったということだろう。

◈死因不明が続出

ところで、生保各社の「サラ金保険」の約款には共通して次のように書かれている。

第14条（請求手続）

【1】保険金の支払事由が生じたときには、保険契約者また保険金受取人はすみやかに当会社に通知してください。

【2】保険金受取人は、当会社に次の書類を提出して保険金を請求してください。

（1）死亡保険金

1　死亡保険金支払い請求書

2　被保険者についての医師の死亡診断書または死体検案書

3　被保険者の死亡事実の記載のある住民票

4　被保険者の過去一定期間の債務の状況を示す書類

約款にはさらに「一年以内の自殺」「戦争その他の変乱」の場合には保険金は支払われないとある。保険請求の際には死亡診断書なり死体検案書で死因を確認しているということだから、サラ金会社と保険会社は死因を把握しているはずだ。だからサラ金保険のデータを調べればサラ金顧客の自殺の実態がわかる。筆者がそう考えてきたことはすでに述べた。
大手サラ金各社に単刀直入に尋ねることにした。
——顧客の死亡者数、自殺者数を教えてほしい。
反応は芳しくなかった。
「弊社におきましては、対外的に開示しておりません、申し訳ございませんが、今回は回答を差し控えさせて頂きます」（プロミス　〇六年四月六日）
「公表している数値ではありませんのでご容赦下さい」「死亡原因については統計をとっておりません」（アコム　〇六年四月一〇日）
「三宅勝久氏ならびに『週刊金曜日』とは、現在係争中(注)のため、回答は差し控えさせていただきます」（武富士　〇六年六月一四日）
「公表していない情報なのでお答えできない。生保会社との信頼関係がある」（アイフル　〇六年四月一三日）
各社とも軒並み口をつぐんだ。
取材の行き詰まりを打ち抜いたのは金融庁だった。サラ金保険の実態について同庁はサラ金各社に聞き取り調査を行い、二〇〇六年秋に順じ結果を公表したのである。調査が実現したのは、金融問題に詳しい大門実紀史参議院議員（共産）の追及によるところが大きい。
自殺者は何人いるのか。自殺率はいくらか——期待して資料を眺めた筆者は、じつのところ少し落胆した。たしかに興味深いデータではある。貴重な資料であることは間違いない。ただデータはすべて延べ数や割合、あるいは、大手サラ金五社または大手・中堅一七社分を合わせた数字だったからだ。サラ金というのは顧客ひとりが複数のサラ金を利用することが一般的である。それを考えれば不満が残った。どの会社の顧客がどんな理由で何人死亡したのか、これではわからないではないか。

——大手各社ごとの死亡者数を出すことはできませんか。

金融庁に打診してみたが「これ以上の調査は難しい」という。仕方がないのでサラ金自殺の数について推定計算を試みることにした。以下は分析の経過である。

金融庁が発表した調査結果によると、大手五社であわせて二〇〇六年三月期に三万九七三二件、金額にして二二八億円の死亡保険金が支払われたという。つまり一年間にそれだけの顧客が死亡したことを意味する。この中で死因が判明しているのが一万七九二八件。うち自殺は三四七六件。すくなくともそれだけの人が自殺したことがわかる。

ここで不思議なのが死因の判明率だ。約三万九〇〇〇人の死亡者のうち、死因が分かっているのが一万八〇〇〇人弱。どうして半分以下しかわかっていないのか。約款どおり死体検案書か死亡診断書を添付していればあり得ないことだ。

多数の死因不明が存在している理由は、生保会社に問い合わせてすぐにわかった。

「じつは〝省略も可能〟という項目がありまして…」

回答した広報担当者は言った。あらためて約款をよくみてみた。確かにこんなくだりがある。

「第一四条の三　当会社は、前項の書類以外の書類の提出を求め、または前項の書類の一部の省略を認めることがあります」

サラ金各社は後に金融庁に対して「少額の場合など一部で検案書や診断書の取得を省略している」

と説明したという。

死因判明率半分以下というのは「死亡診断書」の添付を省略して払い戻しをした結果だった。保険金を請求したうちの半分以上は死因を調べていない。だから自殺か何件あったか知りようもない。顧客の自殺数についてサラ金各社は「公表していない数字なので」などと回答を拒んでいたが、じつのところは数字自体が存在していなかったわけだ。生保会社の対応も含めてズサンというほかない。

さて、死因がわかっている一万七九二八件のうち自殺は三四二七件。死因判明分のうち自殺が占める割合は約二割だ。仮に、残りの死因不明分についても同じ二割程度の自殺者がいたと仮定すれば、全体の自殺者は約八〇〇〇人という計算になる。

大手五社で顧客の自殺者が年間八〇〇〇人。複数社に借り入れを行っている重複分を考慮しても一社あたり年間二〇〇〇人前後が自殺しているのではないか、と筆者は思う。

一社で年間二〇〇〇人とはどれほどの数字か。武富士など最大手の顧客数は二〇〇六年当時で二〇〇万人ほどだから、およそ顧客一〇〇〇人に一人が自殺している計算だ。顧客一〇万人あたりの自殺率にすると一〇〇人に達する。高いといわれる日本の平均自殺率をはるかに凌ぐ。

もちろん、かなり大ざっぱな推論だが、貸付残高一〇〇万円あたり三〇〇円強というサラ金保険の掛け金から推計しても、それほど大きくはずれてはいないだろう。

顧客一〇〇〇人にひとりが自殺する。そんな産業がはたしてほかにあるだろうか。

サラ金で借りると自殺の危険が高まるのか、自殺リスクのある人がサラ金で借りるのかはわからないが、確かなのはサラ金の顧客の自殺率が高いという事実である。その実態はサラ金業界からも生保業界からも積極的に明らかにされたことはなく、「サラ金保険」に対する批判の高まりのなかで金融庁の主導によってようやく片鱗がわかったにすぎない。

「子どもの命・安全を守る」地域貢献活動（明治安田生命）、乳がんの早期発見・検診率向上のためにピンクリボン運動を応援（ＡＩＧスター生命）、学生への就職支援活動（プロミス）、「笑顔のお手伝い」バリアフリーコンサート「アコム〝みる〟コンサート」（アコム）。

数々の「社会貢献活動」に各社は積極的に取り組んでいる。うしろぐらいことがあるとき、人は「善行」をしたくなるのかもしれない。

（注）筆者は二〇〇三年三月、『週刊金曜日』に掲載した武富士批判記事をめぐって同社から名誉毀損で提訴され、最高裁まで争った結果、〇五年六月に勝訴が確定した。提訴が言論弾圧目的であることは明らかだったので、同社と武井保雄前会長（故人）を相手どって損害賠償請求訴訟を起こした。〇六年九月、東京地裁は、武富士の提訴は訴訟権を濫用した違法なものだとして、筆者と『週刊金曜日』に計二四〇万円を賠償するよう武富士側に命じる判決を言い渡した。

第三章

過払い金は蜜の味

筆者がサラ金問題を取材するようになったのは二〇〇〇年ごろからである。当時からごく最近まで、「過払い」という概念や「過払い金」という言葉を説明するのに苦労したものだった。硬派な雑誌の編集者でさえ知らなかったし、説明してもなかなか理解されなかった。「いったん払ったグレーゾーン利息は戻ってこない」と誤った認識をしている人も多かった。一般の人は言葉さえ知らないのが普通だった。その程度のマニア的な専門用語だった「過払い金」は、いま、日本中で聞いたことのない者がいないほど有名な言葉となった。「過払い金」はなぜ有名になったのか。貸金業規制法の改正に伴ってマスコミ報道でさかんに取り上げられたこともある。だがそれ以上に、弁護士や司法書士の広告の影響が大きいと思う。街中には「過払い金を取り戻しましょう」などとうたった法律事務所の広告があふれている。CMもさかんだ。耳障りのよい宣伝の内側で何がおきているのか。「過払いビジネス」の実態を追った。

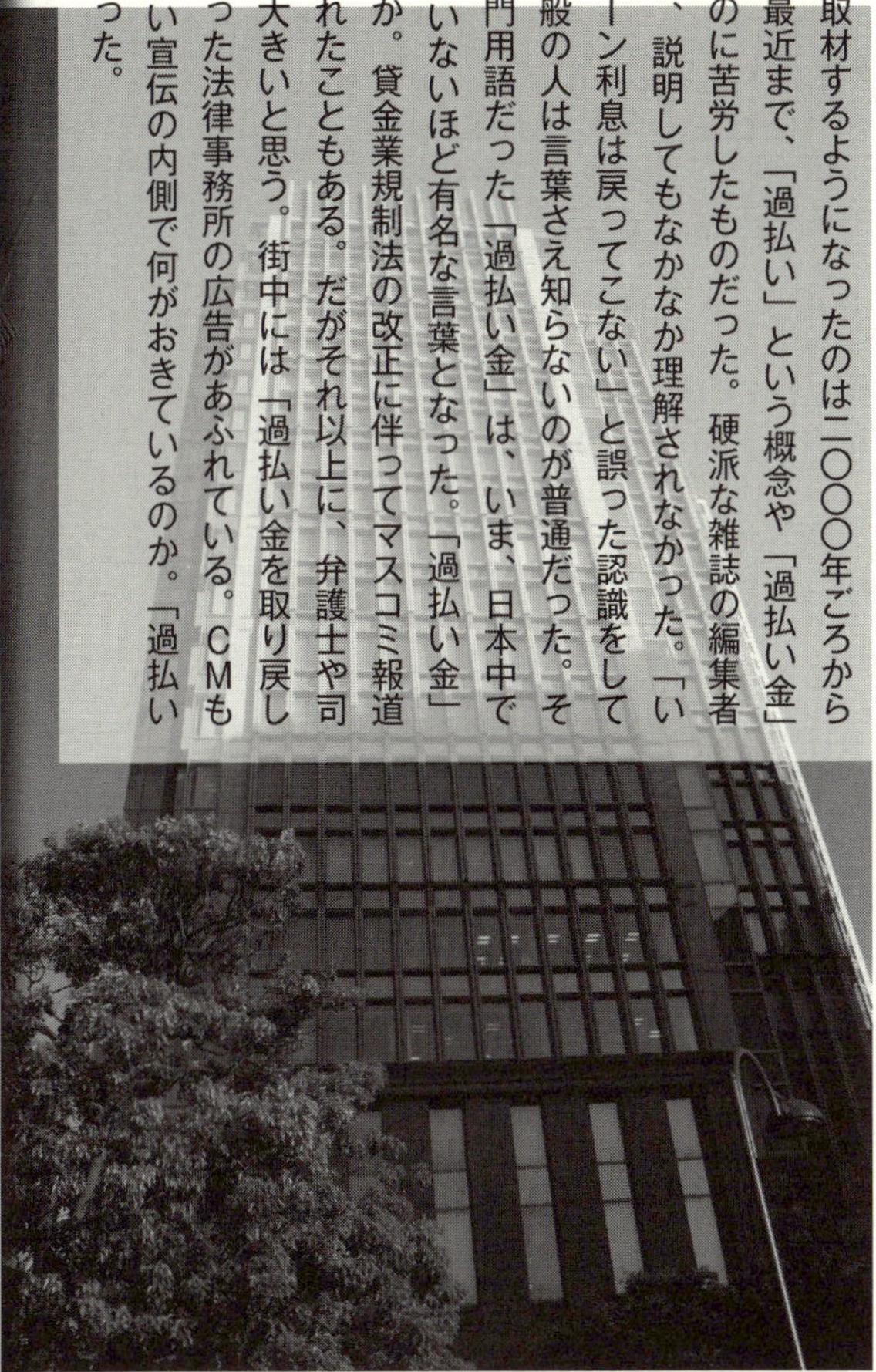

弁護士事務所「ミライオ」が入居する東京都内のオフィスビル。全国にCMを流して多数の債務整理を引き受けている。

※朝日ホームロイヤーを告発する1――二三万円払っても一年以上放置する「過払い金返還のスペシャリスト」

◆「スペシャリスト」にだまされた

「ようやく債務整理ができると信頼してお願いしたんですが…自分のバカさ加減を反省しています」香川県内で事務職の派遣社員として働く井村恵利香さん（仮名・四二歳）はそう嘆いた。二〇〇八年秋のことである。

クレジットカードやサラ金の借金が膨らみ支払いに行き詰ったのは二〇〇七年五月、何とか解決する方法はないかとインターネットを探すうちにたどり着いたのが司法書士法人「朝日ホームロイヤー」のホームページだった。そこに借金の整理を頼んだのが愚かだったというのだ。彼女が語った顛末はこうだ。

「過払い金返還代理人」「多重債務者救済」「過払い金返還のスペシャリスト」「すでに二六億円の過払い金を取り戻し、多重債務者の救済を行っている」――「朝日ホームロイヤー」のホームページに掲げられた宣伝文句を見た時、井村さんは頼もしく感じたという。代表者は元第一勧業銀行行員の司

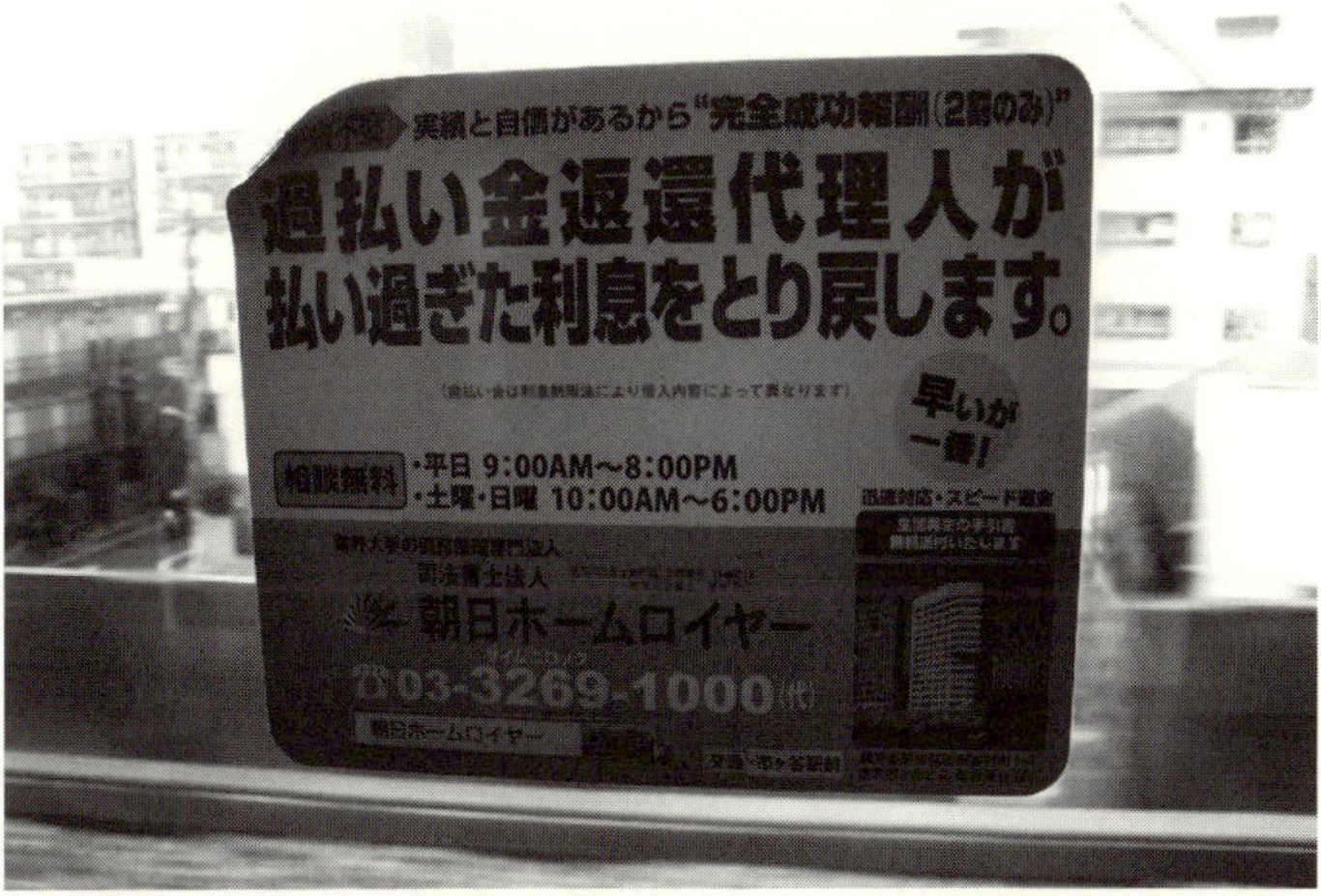

司法書士法人「朝日ホームロイヤー」が札幌市営地下鉄の車内に出した広告。依頼者に会わずに債務整理を行うやり方はトラブルを引き起こす結果となった（2008年12月）。

法書士・奥出欣二氏。「司法書士」という肩書きにも、弁護士に比べて親しみやすいイメージを受けた。

ホームページに記されたアドレスにメールを送るとすぐに返信のメールが返ってきた。「担当」という女性H氏からだ。

〈司法書士法人朝日ホームロイヤー　担当Hでございます。

お電話してもよろしい時間をお知らせいただけましたら、詳しいお話をお聞きいたしまして、債権者との対応を早急に勧《ママ》めさせていただきたいと存じます。

お届けいただいたご住所に関係書類を送付したいのですが、差し支えございませんか。

（後略）〉

文面は丁寧だった。そこにも好印象を受けた。

もっぱらメールでのやり取りがはじまった。

ただひとつひとつひっかかったのが所在地だった。朝日ホームロイヤーの事務所は東京都千代田区神田（後に新宿区市ヶ谷に移転）と書かれている。東京に行かなければならないのだろうか、と井村さんは考えた。香川から東京に出るには飛行機だと片道三万円～二万五〇〇〇円、夜行バスでも片道一万円はかかる。派遣社員の月給は一五万円ほどだ。頻繁に東京と香川を往復するような余裕はとてもない。

心配をよそに、H氏は別のメールでこう書いてきた。

〈当事務所におきましては、債務整理の場合には、債権者との交渉は電話や郵便、FAXなどで行いますし、司法書士との相談についてもEメールや電話ですることが出来ますので、当事務所にお越しいただく必要はありません〉

「遠方の者でも引き受けてくれる。東京に行かなくてもいいのかと安心しました」

朝日ホームロイヤーに債務整理を依頼しよう――井村さんは決心し、その旨をメールでH氏に伝えた。てっきりH氏は司法書士だろうと思っていた。何年も苦しんできた借金地獄からやっと解放される。そう信じて疑わなかった。

負債は合計で三〇〇万円あまりだった。ライフ、クレディセゾンなどクレジット会社四社からの借金だ。もっともすべて利息制限法を超えたグレーゾーン金利だから利息制限法（年利一五％～二〇％）で再計算すると実際はもっと少なくなる。いわゆる「過払い」になっている可能性もあったが、その辺のからくりはずっと後になって知る。当時はグレーゾーンのメカニズムなどわからず朝日ホームロイヤーだけが頼りだった。

借金をつくったいきさつは誰にでもありがちな話である。

「以前働いていた会社で、同僚の営業担当者から『カード作ってくれ』と頼まれたのがきっかけでした。その人は営業先の金融機関からお願いされていたようです。何の不安も疑問もありませんでした。作っただけでしばらくは使わずに持っていたんです」

やがて持っていただけのカードを少しずつ利用するようになった。給料もそこそこあったので支払いは苦にならなかった。だが病気でつまづいた。過労で体調を崩し、会社を休みがちとなった。次第に職場にいづらくなった挙句に退職する。無職となった。カードの支払いがある。派遣会社に登録して別の会社で働きはじめた。収入は減った。いつしか借金の額が増え、月々の返済は約一〇万円に達した。「借りては返す」の自転車操業に陥った。払っても払っても借金は減らない。クレジットカードのキャッシングで借りたお金を返済に充てるのが精一杯だった。とうとうそれもできなくなった。ぎりぎりで回していた返済資金が底をつき、債務整理しかないと観念した。ただいったいどこに相談すればいいのか知恵はない。地元の「四国新聞」には、サラ金会社やパチンコ店の広告こそあっても、借金に困ったときの相談先は書いていない。頼れるのはインターネットしかなかった。そこで「朝日ホームロイヤー」と出会う。

◆「経費が一六万八〇〇〇円かかります」

申し込みのメールを送り返してしばらくするとホームロイヤーから書類の束が届いた。井村さんは指示どおり記入して返送した。契約書や司法書士への委任状の類もあったようだが詳しくは覚えていない。借金問題を解決したい一心で余裕はなかった。

数日後、「担当」H氏からはじめて電話がかかってきた。H氏は司法書士だとばかり思っていたが、じつは事務員だったとこのときに知る。

「経費が一六万八〇〇〇円かかります」

電話口でH氏は明るく言った。内訳を説明されたが記憶にない。月給一五万円の身にとって、一六万八〇〇〇円を捻出するのは楽ではない。それでも取り立ての苦痛や不安から逃れられるなら高くはないと思った。

以後井村さんは朝日ホームロイヤーの司法書士と会話をしたりメールのやり取りをしたことはない。後にも先にも、ホームロイヤー側の相手はすべて事務員だった。司法書士法人なのに司法書士と接点がないというのは変だと後になって思うが、当時は気にならなかった。

〈多重債務で困っている方々から依頼を受けて、借金問題を解決して、これらの方々の生活再生の実現のため、法律専門家が携わり努力しております〉

H氏から送られたメールにそうあったので信用した。

手付金の一万円を銀行で払い込んだ。さらに、毎月三万九五〇〇円ずつ支払いはじめた。取り立てが止まった。もう安心だ——井村さんは肩の荷が下りた気分だった。

「担当」が交替する、という電話があったのは二ヶ月後の二〇〇七年七月ごろだ。H氏からYという男性に替わるという。突然のことに少し驚いた。

丁重な感じのH氏と違って、Y氏はいささか荒っぽい印象があった。仕事中でもかまわず携帯電話に電話を掛けてきて、返済した際の領収書や通帳記録が残っていないか執拗に尋ねてくる。

「すみません、ないんです…」

職場の目をはばかりながら井村さんは小声で応答した。不躾な電話にしばしばとまどったが、一生懸命やってくれているのだろうと極力協力した。ある日のやり取りを井村さんは思い出す。

「クレジット会社が言っている取り引き開始の時期と私の記憶が違っていたんです。私の記憶のほうが古かったんですが記録が残っていなくて証明できなかった。申し訳ない、と電話口で謝りました」

取り引き開始が古ければ古いほど発生する過払い金は多くなる。これを貸金業者やクレジット会社が嫌がるのは当然のことだが、こうした事情が理解できるようになったのも後のことである。ホームロイヤーからの説明はほとんどなかった。

うるさいほどだったY氏からの連絡がそのうち途絶えた。気になったが「きっと作業が順調に進んでいるのだろう」と前向きに考えていた。そこへ、二〇〇八年の一〇月ごろ、二ヶ月ぶりに電話があった。

「Yは退職しました。私が新しい担当です」

聞き覚えのない女性の声でそう言った。三人目の担当になったというB氏だった。

「明日かあさってに、先生方が集まって、今後も（任意の）債務整理で進めていくかどうか方針を決めます」

B氏は言った。

方針を決めるなんて、いったい今まで何をしていたのだろう――井村さんは一抹の不安を覚えた。

二日後、再びB氏からの電話――。

「会議で、今後も債務整理で進めていくことになりました…」

三たび担当が替わったと聞かされたのは、この直後である。四人目の「担当」はO氏。さらに二ヶ月を置いて五人目のN氏という男性に交替する。

申し込んだのは五月だった。すでに秋が終わり一二月になっていた。七ヶ月が経っている。この間担当者は五人も入れ替わった。めったにない連絡は「担当者が交替した」というものばかりだ。債務整理は進んでいるのだろうか。不安は膨らんだ。

◆コロコロ替わる「担当者」

とうとう井村さんは「五人目」のN氏に進捗状況の説明を求めることにした。歴代の男性担当者に比べれば少し親切そうだった。何か教えてくれそうな雰囲気がある。

問い合わせに対してN氏は電話とメールでこう説明した。

〈過払い金返還訴訟を起こしており一社から過払い金が取れる見込みだ。残りの債権者各社とは現在分割払いの和解交渉をしている。約三〇〇万円の負債は二〇〇万円くらいになりそうだ〉

過払い金を取り返した場合はホームロイヤーが二割の成功報酬をもらう、と付け加えられていた。訴訟をしていたとは初耳だった。いつどの裁判所に起こしたのか具体的な説明はなかった。それでも多少なりとも事情がわかったことで安心した。

だがそれも束の間だった。年が明けて二〇〇八年三月、N氏からもらった電話に井村さんは愕然とする。

「一社が和解に応じようとしない。自己破産したほうがよいですよ」

そして言った。

「自己破産にすると、朝日ホームロイヤーに払う金額が増えます。井村さんの場合は五万二〇〇〇円になります…大丈夫、簡単ですよ。自己破産すれば人生やり直せますよ」

すでに一六万八〇〇〇円を払い終えていた。加えてもう五万二〇〇〇円が必要だという。

「このまま朝日ホームロイヤーに頼んでいていいのだろうか」

不安は不信に変わった。

担当がまた替わる。六人目は「自己破産」専門のTという男性だ。

「債権者は何社ありますか」

T氏は電話でそう尋ねたが、以後沙汰やみとなった。待ちぼうけを食わされた井村さんは焦った。お金を払わないから進まないのだろうか。そう思って五万二〇〇〇円のうちの一部を送金してみた。それでも連絡はこない。

問い合わせの電話を何度かした結果、やっと連絡がきたのはT氏になってから二ヶ月ほど後の二〇〇八年六月。

「新しい担当のJです…」

七人目に交替していた。しかも用件はカネのことだった。

「自己破産費用の残りを払ってほしい」

釈然としないまま井村さんは残金を振り込んだ。カネを払うと再び連絡が途絶える。

「こちらから電話するまで何も連絡がないんです。本当にここに頼んで大丈夫なのか、心配になってきて…」

朝日ホームロイヤーに一縷の望みを託していた井村さんは、ここにきてやっと第三者に相談する決心をする。

多重債務問題の市民団体「高松あすなろの会」の会の存在を知ったのは口コミだった。

彼女からいきさつを聴いた会の相談員は、「朝日ホームロイヤー」のずさんな債務整理のやり方に疑問を抱いた。司法書士が本人と面識がないことを特に問題視した。地元で債務整理に取り組む弁護士や司法書士の常識ではあり得ないことだった。

「あすなろの会」の助言で井村さんは朝日ホームロイヤーとの契約を打ち切る決心をする。契約解除と払い込んだ費用二二万円の返金を求める内容の手紙を出したのは、契約から一年四ヶ月が経った二〇〇八年九月。

▽一年四ヶ月間で七人も担当者が変わった。

▽進捗状況の連絡がほとんどない。

▽訴訟を起こしたというのに訴状が送ってこない。――

一連の経緯と疑問を箇条書きにして指摘した。

朝日ホームロイヤーの反応はかつてなく早かった。約一〇日後、請求どおり二二万円の経費と、一社から取り戻したという過払い金三万円あまりの計約二五万円を返金してきた。

送られてきた手紙には次のように書かれていた。

〈この度は、井村さまの債務整理のご要望に沿うことができず誠に申し訳ございませんでした。

当法人では、東京司法書士会の規則に基づき、遠方のご依頼者様とも順次面談を進めている最中でございました。

井村さまにおかれましては、当法人の都合により度重なる担当者の変更や連絡の不備等ございましたことを深くお詫び申し上げます――〉

「遠方のご依頼者様と順次面談を進めている最中でした」との文面に、井村さんは首をひねった。そんな話は聞いたことがない。面談どころか、電話やメールすらろくになかったのだ。

――井村さんの話はおよそ以上のとおりであった。

◆「朝日ホームロイヤー」を直撃取材

ところで東京司法書士会の「多重債務処理事件に関する規範規則」第五条にはこう書かれている。

〈会員は、事件を処理するにあたって、依頼人に面談することなく、電話、郵便、電子メール等だけにより事件を処理してはならない〉

井村さんは司法書士の誰とも会ったことがないというのだから、この規則に抵触している。その点をどう認識しているのか。朝日ホームロイヤー側の言い分を聞くため二〇〇七年一二月三日、東京・新宿区の事務所を訪れた。

十数階建てのオフィスビルの中に朝日ホームロイヤーの事務所はあった。こぎれいな広い執務室がガラス戸越しに伺える。何十人もの事務員らしい男女が机に向かっている。受付にあるパンフレットには、奥出欣二代表をはじめ司法書士が八人、事務員は一〇〇人以上いると書かれている。

通された応接室で待っていると初老の男性が現れた。事務局長・清水弘興――と名刺にあった。

「ある顧客とのトラブルについて、お聞きしたいのですが…」

用件を切り出すと清水事務局長はすぐに答えた。

「クライアントの情報について第三者に漏洩することは禁止されていますから」

「ならば、一般論として…」

質問を続けた。

三宅　一般的な話として答えてほしいのですが、依頼人にまったく面談せずに受任することはあるのですか。
清水　面談せずに受任することはしていません。
三宅　香川の方で、面識がないまま受任した方がいるのだが?
清水　(面談なしの受任は)あるかもしれない、ないかもしれない。お答えできません。

「守秘義務」を理由に清水事務局長は言葉を濁した。話題を変える。宣伝広告のことを聞こう。面談しなければならないのにどうして全国規模の広告を出しているのか。

三宅　全国でCMや広告をやっていますね。面談できないケースが出てくるんじゃないですか。
清水　全国規模の宣伝は現在はやっていません。東京都内だけの広告です。

三宅　理由は?
清水　特にありません…

実は、この取材後に札幌市を訪れた際、地下鉄の車両内に朝日ホームロイヤーの広告が張られているのを見つけた。清水事務局長が言う「地方宣伝の中止」も徹底していない様子だった。

債務者の立場に立って丁寧に仕事をすればするほど債務整理は煩雑だ。生活再建まで考えるならばしばしば長い付き合いとなる。宣伝をしてまで債務整理を受任するなんて無理だ。少なからぬ司法書士や弁護士がそう話す。

だが、各地の電車やバスの車内には、在京の弁護士や司法書士が出した債務整理の広告であふれている。テレビやラジオで宣伝しているところも多い。東京の事務所がなぜそこまでして遠方の「顧客」を募るのか、その動機はどこにあるのか。ヒントとなる事件が、二〇〇八年一二月、新聞で報じられた。

二年間で約二億四〇〇〇万円の所得を隠した脱税容疑で、都内の司法書士が東京国税局から告発されたという。この司法書士はホームページで「借金問題を解決」などと宣伝をしていた。サラ金やクレジット業者から過払い金を取り返し、そこから多額の利益を得ていた疑いがあるという。

そもそも、過払い金とはサラ金やクレジットの利用者が払いすぎた顧客自身の債権だ。取り返すのは当然の権利だし、最近ではさほど困難な作業でもなくなった。顧客自身のお金である過払い金を取り返しながら、その中から成功報酬を得るのは問題じゃないか。そう疑問を呈する法律家も少なくない。過払い金は全額回収して依頼人にすべて返し、弁護士の報酬分は、過払い金に上乗せした五～六％の金利を業者に払わせて回収する。そういった良心的な仕事をする弁護士や司法書士もいる。

こうした昨今の動きに比べて、過払い金のうち二割を成功報酬として取るという朝日ホームロイヤーの報酬規定は割高にみえる。

こうしたことがまかり通るのも、消費者の多くが法律に無知で、借金苦の弱みもあって文句を言えないからだろう。損をみるのは「過払い金返還のスペシャリスト」といった宣伝文句を信じてしまった罪のない人たちだ。

朝日ホームロイヤーに翻弄された井村さんは、懲戒請求することも可能だった。だが相手が返金に応じたことで納得し、ことを荒立てるつもりはないという。

「弁護士事務所は敷居が高い。司法書士なら安心だと思った。宣伝を鵜呑みにした私がバカでした」

現在、自力で債務整理に取り組んでいるところだ。

法律の専門家を標榜しながら多重債務者の無知と善意に付け込む朝日ホームロイヤーの「過払いビジネス」。消費者金融がやってきたモラルなき乱暴な商法とどれほどの差があるのだろうか。

※朝日ホームロイヤーを告発する2――業務停止処分の背後に浮かぶ謎の「理事長」

◆「説明責任はありません」

司法書士法人「朝日ホームロイヤー」に対し、近く東京法務局長が業務停止処分命令を出すという未確認情報が筆者のもとにもたらされたのは二〇〇八年の暮れも押し迫ったころだった。処分期間は翌〇九年一月五日から同月一八日までの二週間。地方の多重債務者について面談もせずに債務整理を受任したり、長期間放置するなどした業務実態が問題視された模様だった(注)。

一二月二九日、事実確認のため、東京・市ヶ谷にある朝日ホームロイヤーの事務所を訪れた。防衛省に近い瀟洒なオフィスビルの一二階に上がると、大晦日も近いというのに大勢の職員が机に向かって作業をしていた。

応接室に現れた事務局長の清水弘興氏に単刀直入に尋ねる。

三宅　業務停止処分されると聞いているが、そういう事実はありますか。

清水　はい。あります。

業務停止の事実について清水事務局長はあっさりと認めた。だが内容については口を閉ざした。

清水　わが方は法律に基づいて守秘義務が課せられています。

三宅　どういう法律ですか？

清水　いや、それはあなたが調べてください。

三宅　いや、あなたが「守秘義務」でお話できないとおっしゃっているんですから、どういう法律に基づいて話せないのか説明してください。

清水　あらゆる法律と関係してきますので…説明するには時間がかかるんで…

「守秘義務」を繰り返すばかりで要領を得ない。すでに聞き及んでいた処分の概要をぶつけることにした。

三宅　地方の依頼者を面談もせずに受任し、さらに何年間も放置していた、そういう事件だと聞いているんですが。間違いないですか？

清水　個々の案件については守秘義務があるから話せません。

三宅　司法書士法人「朝日ホームロイヤー」の業務に関することなんですが。どんな問題があったかを聞いているんです。個々のことを聞いているのではありませんよ。

清水　守秘義務があるから話せません。
三宅　じゃ、その法的根拠を。
清水　法的根拠も守秘義務があって話せません。いっさい話すつもりはありません。
三宅　説明になっていませんが…
清水　だから結構です。あなたがどう書かれようと。解釈した範囲でお書きになって結構です。

どうにもラチがあかなかった。

「説明責任というのはないのですか」

そうただすと清水事務局長はきっぱり言った。

「ありません」

◆処分の端緒は全国放映のCM

朝日ホームロイヤーの内情は、ある事務員の男性から聞くことができた。

「処分のきっかけはCMだったんじゃないか。あれで目立ってしまったから…」

CMとは二〇〇八年に入って全国放映された一五秒ほどのテレビコマーシャルのことだ。映像はホームページで見ることもできる。

コーヒーを背広にかけられたり犬に噛みつかれるなど災難に遭いながら男性サラリーマンが笑いながらスキップで通る。最後の場面で字幕が流れる。

「過払い金が戻ってくると、嬉しいよね」

「過払い金返還代理人〝早いが一番！〟」

制作・放映には一億円ほどかかった。そんな話を上司から聞いたという。

ＣＭのほかにも、チラシや新聞広告・ホームページを使って朝日ホームロイヤーは積極的で広範囲な宣伝活動を行ってきた。実際筆者の手元にあるチラシにも「全国取扱・スピード処理」と記されている。営業の狙いは全国区だ。そしてこの「全国区」の営業姿勢が監督当局に見とがめられたというのだ。

なぜ「全国区」が問題なのか。

司法書士が事件を受任する際の原則に「面談義務」というものがある。朝日ホームロイヤーの事務所は東京と埼玉の二ヶ所だけだ。全国に宣伝をすれば関東以外からも依頼人が連絡してくる。面談をするには、司法書士が出向くか、逆に依頼人が東京へ出てくるしかない。当然費用も手間もかかる。巨額の遺産相続事件ならまだしもサラ金の債務整理である。依頼人にとっては割が合わない。受任する司法書士の側も、常識的に考えれば採算が取れない。ただ面談をサボれば話は別だ。どんなに遠方からの相談でも会わなくてもいいのならいくらでも仕事にすることができる。数をこなせばカネになる。

依頼者に会わずに司法書士業務をやっているのではないか。「朝日ホームロイヤー」がそうした疑いを持たれるのは必然だったともいえる。

東京司法書士会の綱紀委員会がホームロイヤーの立ち入り調査を実施したのは二〇〇八年の七月末。調査の結果、やはり面談をせずに電話とメールだけで依頼者とやり取りをするというずさんな業務実態が露呈する。

電話とメールだけで大丈夫ですよ——朝日ホームロイヤーに債務整理を依頼した四国在住の女性も、当初、担当者から電話でそう説明を受けた。その後のやり取りは電話や電子メールだけ。費用を払い込んだが一年四ヶ月間が過ぎてもほとんど進展はなし。ＣＭの字幕でうたう「早いが一番！」はウソだった。

このトラブルについては先の記事「二二万円払っても一年以上放置する『過払い金返還のスペシャリスト』」で報告したとおりである。

「似たようなケースはいくらでもありますよ。二年くらい放置状態になっているものもざらですよ。月間数百件くる新件のうち、大半は地方のお客さんでした。七割方が地方じゃなかったでしょうか。みんな面談なしでしたね」

事務員が証言する。

「お客さんの担当が五人六人としょっちゅう替わるのも普通です。申し訳ない話ですが…」

面談なしで仕事を引き受ける。頻繁に担当が変わる。長期間放置する——そういったことは朝日ホームロイヤーでは常態になっているという。

いったいどんな仕事ぶりなのか。

「新規のお客さんがくると、まず、『渉外班』というところで受け付け手続きを行います。東京近郊で直接事務所に来ることができる場合以外は、電話とメールだけ。最初の相談も司法書士ではなく事務員がやります。受け付けが終わると、次に『事件処理班』に書類が送られます。ここは債務内容を調査して処理方針を決める部署です」

事件処理班が判断した処理方法によって、その後の行き先が決まる。サラ金各社と和解交渉をするということになれば「任意整理班」、破産や民事再生手続きなら「破産・再生班」、過払い金が発生した場合は「特別訴訟班」へとそれぞれ移される。部署間を書類が動くたびに「担当者」も替わる。同じ担当がフォローするわけではない。担当者が頻繁に交替するのは、こうしたたらい回し式の組織構造に原因がある。

◆ドル箱の「過払い班」

そして、各部署の中でもっとも利益が出るのが「特別訴訟班」なのだという。

「特別訴訟班とは、要するに過払い班のことですね。朝日ホームロイヤーでは、サラ金業者から返金された過払い金の二割を報酬として受け取っていますから（利益は）大きいですよ」

事務員によれば、過払い金回収は、朝日ホームロイヤーの〝ドル箱〟である。業績そのものと言ってもよい。「特別訴訟班」には二〇人ほどの事務員があてがわれ、手分けをして回収作業に励む。過払い金返還訴訟の手続きも、大半は司法書士ではなく事務員の手でやっていた。

はたしてどれほど過払い金の〝売り上げ〟があるのだろうか。清水事務局長にたずねる。

三宅　どのくらい過払い金を回収されたのですか？

清水　守秘義務です。

言下に回答を拒否された。だが手がかりは朝日ホームロイヤーのパンフレットにあった。

〈朝日ホームロイヤーは、既に三六億円の過払い金を取り戻し、多重債務者の救済を行っています〉

三六億円を回収したとある。古い別のチラシには「二六億円」と記載されているから、その後回収額が増えたのだろう。

回収額三六億円――ホームロイヤーが設定した過払い金の報酬は二割だから、儲けはざっと七億円だ。ホームロイヤーが本格的に債務整理事業に取り組み始めたのは二〇〇七年以降とみられる。年間にすると三億円以上を稼いだことになる。月に二〇〇〇万円強だ。経費は家賃と人件費くらいだろう。従業員一〇〇人ほどの同規模の会社と比較して、一部署がたたき出す「営業成績」としては悪くない。

実際のところホームロイヤーの成長ぶりはめざましい。二〇〇六年ごろ、東京・神田にある三〇坪足らずの雑居ビルに入居して一〇人前後でこじんまりとやっていたのが、一年と置かず次々と広い事務所に移転する。現在の事務所に移ったのは二〇〇八年夏。一フロアの基準階面積が約二三〇坪もある。従業員数も一〇倍の一〇〇人以上に増えた。

まさに「過払いバブル」である。

もちろん過払い金の回収だけが債務整理ではない。任意整理や破産もある。しかしホームロイヤー関係者によれば、こうした部門は利幅が薄い。特に任意整理はサラ金会社との交渉業務が多いので何かと手間がかかる。交渉が途中でうまくいかず方針を変えて破産部署に移すこともままある。担当が頻繁に替わったり、放置されるのは、こうした「ややこしい」ケースで起こりがちだ。儲けが少ないから扱いがぞんざいになるのだと関係者は証言する。

景気がよさそうにみえる「朝日ホームロイヤー」だが、職場環境に関する噂は芳しくない。

「事務員が辞めてしまうんですね。しょっちゅう。担当がコロコロ替わるのはそのこともあったんですよ。新聞にいつも求人広告を出していました」

そう話すのは先に紹介した事務員である。

多くの事務員が一年以内で辞めていった。誰かが辞めれば、その事務員が持っていた案件を別の者が引き継ぐ。往々にして新採用されたばかりの新人事務員に任される。債務整理など聞いたこともない未経験者が戸惑いながら作業を行う。とても「専門のスタッフ」（パンフレットより）どころではない──。

事務員が辞める最大の理由は給料の安さにあるという。事務員の多くは大学卒だが、その給料は手取りで一三万円から一五万円ほどだ。残業代もなければ昇給もない。

「採用されたとき、ウチは昇給ないから、嫌ならほかに行ってもらっていいから、と言われました。ボクは実家住まいで独身だからいいけど、アパート借りたらとても暮らせませんよ」

事務員はこぼす。待遇は二〇〇八年夏の東京司法書士会による査察以降、さらにひどくなったという。

「今冬のボーナスはほとんどありませんでした。立ち入り調査があってからは、面談できるお客さんだけを受任するようになっていますから、業績が何分の一にかに落ちてしまったんです。近く事務員何十人かをクビにするという噂もあります。就業規則は見たことありません。労組などあるはずがありません。組合を作るほど愛社精神を持った人もいないでしょうね。みんなやる気がありません」

就業規則が存在しないのは清水事務局長も認めた。

愛想をつかすのは事務員だけではない。司法書士も次々に去っている。司法書士に払われる月給は、推定で手取り三〇万円ほど。事務員よりはマシだがどんどん辞める。自分が懲戒処分をされることを恐れているともいわれる。

新しく採用された司法書士の中には、債務整理の経験がほとんどない新人もいる。彼らに与えられている目下の仕事とは、電話とメールだけでやり取りしていた地方の依頼者を訪ねて「面談」の実績をつくる作業だという。

◆謎の「理事長」白橋栄治氏

「朝日ホームロイヤー」の代表は奥出欣二司法書士だが、事務所の中には奥出氏の執務室より広い「理事長室」と呼ばれる部屋があるという。

部屋の内部を目撃した従業員が証言する。

「地上一二階の広い窓ガラスからは中央線や市ヶ谷界隈の町並みが見下ろせる。床には赤いじゅうたんが敷かれ、高価そうな調度品が配置されていました」

関係者らによれば、これは白橋栄治という人物の専用部屋だという。白橋氏は「理事長」と呼ばれており、「朝日ホームロイヤー」の影の実力者だとささやかれる。

白橋氏の年齢は推定六〇歳後半。司法書士をしていたが二〇〇三年に廃業している。一九八七年当時の『週刊新潮』に白橋氏に関する記事が載っている。内容はこうだ。

当時白橋氏は信用調査会社「東京興信所」の副社長をしていた。折しも元ミス日本・西尾かおる氏と俳優・名高達郎氏の婚約が発表されていた。白橋氏は西尾氏の素行調査を担当し、彼女にスキャンダルの過去があったかのような調査報告書を作る。結果、婚約は解消。ちょっとした騒ぎになる。西尾氏側は、白橋報告に激怒し、事実無根だと白橋氏を刑事告訴する——。

白橋氏は元歌手・仲宗根美樹氏の再婚相手でもあった。また事業を起こして破産するといった経験も何度かしている。芸能界と縁のあるちょっとした有名人だったようだ。

その人物が「理事長」をして朝日ホームロイヤーに出入りしているというのだ。

従業員はこうも言った。

「全国CMのアイデアも白橋理事長が決めた。そう自分で言っていました。社歌もつくったんですが、その歌詞は理事長が書いたそうですよ。〝朝日白栄〟となっていますが、白橋さんのことらしいですよ」

白橋「理事長」自身が従業員の前で演説をして、業績向上を誇ったこともある。経営の最高幹部は白橋氏なのだと、すくなくとも従業員の間では認識されていたようだ。

だが、じつは司法書士法人に「理事長」という職種はあり得ない。代表はあくまで司法書士でなければならない。司法書士以外の人物が経営にかかわれば弁護士法で禁止する「非弁行為」として処罰の対象になる。

司法書士を廃業した白橋氏が朝日ホームロイヤーの経営にかかわっているとすれば、法に触れる恐れが高いのではないか。

再び清水事務局長に聞く。

三宅　白橋栄治さんという方をご存知ですか?

清水　はい。知っています。

存外にあっさりと認めた。

三宅　こちらの司法書士法人と白橋さんは、何かかかわりがあるのでしょうか。

清水　ありません。

今度は否定した。

三宅　理事長と呼ばれているそうですが…

清水　これ以上は守秘義務なので話すつもりはありません。

三宅　（白橋氏が）朝日ホームロイヤーに来ることはあるんですか。

清水　あります。

出入りしているというのだからなにか関係がありそうだ。どんな関係なのか。

清水　それ以上は守秘義務があって言うつもりはありません。

三宅　守秘義務の根拠について…

清水　言えません。

質問を変えて社歌の歌詞について聞くことにした。

三宅　朝日ホームロイヤーの歌があるそうですが、作詞者は…

清水　違います。

三宅　…作詞者は白橋さんですか。

清水　違います。

三宅　作詞者の「朝日白栄」さんとは、白橋栄治さんのことではないんですか？

清水　ノーコメントで返事するつもりはありません。あなたの憶測で書いていただいて結構です。

憶測で書いてよい、とは妙な説明である。もう一度白橋氏のことを聞く。

三宅　白橋さんが「朝日ホームロイヤー」の経営にかかわっているんじゃないか、という話を聞くんですが。それは事実なんですか？

清水　イエスともノーとも。守秘義務なんで言えません。

三宅　もし言ったらどうなるんですか。

清水　それも守秘義務があって言えません。

清水事務局長は「守秘義務」を繰り返した。しかし白橋氏と朝日ホームロイヤーとの間にのっぴきならない関係があることを確かめるには充分だった。

漏れ聞こえてくる噂によれば、東京司法書士会の立ち入り調査があって以降、「理事長室」と呼ばれていた部屋は「特別会議室」に名称が変更された。そして、白橋「理事長」がいまも出入りしているともいわれる。

「清らかな法の光を天下に知らせ／苦しみのない社会の実現」

朝日ホームロイヤーの社歌『我等の群像』（朝日白栄・作詞）にそんなくだりがある。

清らかな法の光が照らしだすのは「過払いビジネス」の闇そのものだ。

（注）二〇〇九年一月五日、大手司法書士法人「朝日ホームロイヤー」に対して、五十嵐義治・東京法務局長は、同日から二週間の一部業務停止（簡裁訴訟代理等関連業務）を命令した。司法書士法第2条の品位保持・誠実かつ公正な業務遂行義務違反、第二三条の会則遵守義務違反などの違法行為があったと認定した。

※客の苦情に「内容証明」で提訴予告する大手弁護士事務所「ミライオ」の〝上から目線〟

◆名誉毀損訴訟ちらつかせる「内容証明郵便」

「ミライオは本当に債務者のことを考えてやっているのか疑問です。もし知り合いが債務整理を頼もうとしたら私は『やめろ』と言いますよ。サラ金から過払い金を取り返すくらい自分でやれるってわかりましたから」

そう話すのは高松市の八木幸太郎さん（仮名・五一歳）だ。現在アルバイトで生計を立てている。二〇一〇年五月、彼にあてて一通の内容証明郵便が届いた。法律事務所ＭＩＲＡＩＯ（ミライオ・東京都港区）代表の西田研志氏からだ。ミライオは全国放送のテレビ宣伝をやっている弁護士事務所である。旧名を「ホームロイヤーズ」という。

内容証明はワープロ打ちＡ４版五枚にわたる長文だった。最後の部分にこう書かれていた。

〈仮に、党派的なグループが、多重債務者問題に真剣に取り組んで、救済をしてきた当事務所を攻撃し、救済をやめさせる意図のもとに、このような言われのないクレームをでっち上げたのだとしたら、毅然とした法的措置をとらざるを得ません〉

「毅然とした法的措置」とは名誉毀損などで提訴することであると、前後の文脈からわかる。穏やか

「ミライオに頼むんじゃなかった」と後悔する高松市内の男性。テレビCMのイメージから受ける印象はよかったというが…。

でない話である。しかし八木さんはミライオに対して不当なことをしたつもりは微塵もない。後に詳しく述べるとおり、ミライオに債務整理を委任した結果、いくつか納得のいかない事態に直面した。約一万四〇〇〇円の過払い金を回収するために一〇万円以上の経費が使われたというのも一例だ。疑問点を手紙に書いて説明を求めることにした。なんどかやり取りを繰り返した。だが謝罪らしい謝罪はなく、代わりに届いたのがこの内容証明郵便だったのだ。

無論、ミライオを攻撃する意図など八木さんにあるはずがない。「党派的なグループ」などといわれても何のことかわからない。クレームをでっち上げたというのもひどい言い方だ。疑問を感じたから指摘しただけなのに「毅然とした法的措置」というのは、まさに逆ギレ、客商売とは思えない高飛車な態度だった。

どうしてこんなトラブルになったのか。八木さんによれば、ことの発端は二年前にさかのぼる。

二〇〇八年夏、八木さんはサラ金数社の借金が返せなくなって困りはてていた。勤めていた会社のリストラなどが原因で生活費に困り、サラ金に借りて資金を回すうちに行き詰ったのである。どこか相談先はないものか。悩んでいたところに家族がこう助言を与えた。

「テレビCMで宣伝している『ホームロイヤーズ』に頼んで債務整理してもらったらどうだろうか」

「ホームロイヤーズ」は当時頻繁にテレビCMを流していたので聞き覚えがあった。助言にしたがって八木さんはホームロイヤーズことミライオに電話をかけた。二〇〇八年一〇月のことである。応答したのは事務員だった。西田弁護士ではない。事務員は「大丈夫ですよ」などと親切な口調で手続きについて説明をした。印象はよかったという。ミライオに頼むことに迷いはなかった。

電話をかけてから数日後、書類の入った大型封筒が郵便で届いた。指示された通りに記入して返送する。弁護士への委任状や契約書もその中にはあった。委任状は西田弁護士個人に対するものだったが、このときは誰に委任したかもはっきり覚えていなかったという。

「借金のことで頭がいっぱいで、そんな余裕はありませんでした。とにかく誰でもいいから助けてほしいという気持ちでしたから」

当時の心境を八木さんは振り返る。

ミライオに頼んだ時点での負債はサラ金・クレジット会社六社分が計約二二〇万円、それに車のローンとヤミ金一社があった。また、このほかに完済し終えたサラ金が三社あった。事務員にその旨電話で説明すると、サラ金・クレジット六社と、完済分のサラ金三社についてのみ整理を引き受けることになった。ヤミ金や車のローンをなぜはずしたのか、その経緯も八木さんははっきりと記憶していない。ともあれ、こうして債務整理がはじまった。

◆一九万円払って「過払い金」六八万円入金

契約するとまず要求されたのが費用の入金だった。一社につき四万二〇〇〇円。それが六社分で二五万二〇〇〇円。このほかに成功報酬などがかかると説明された。ただし完済した三社については費用がかからないと言われた。アルバイトの身に二五万二〇〇〇円というのは大きな出費だったが、これで借金の整理がつくならと毎月二万円～三万円ずつ分割で払うことにした。

サラ金各社からの請求はすぐに止まった。八木さんは安心した。しかし、しばらくたってから悩みが生じてきた。ミライオからの連絡がめったに来なくなってしまったのだ。債務整理の進み具合がどうなっているのか、順調にいっているのかどうか、事情がわからない。八木さんは不安に駆られた。気をもんだ挙句に東京に何度も電話をかけた。それでも要領を得ない。

「むこうから電話がくることはほとんどなくて、たいていこちらから掛けてやっと連絡がつくという調子でした。しかも弁護士と話した記憶はなくて相手は事務員だったと思います」

ようやく連絡がついて事情を尋ねても、なかなか進んでいない様子に思われた。そんなやりとりを何度かするうち、ようやく「過払い金がある」といった内容を教えてもらうことができた。二〇〇九年二月。契約から四ヶ月が経っていた。完済した三社をはじめサラ金数社が過払いになっているという。ただ、具体的にどれくらいの過払い金が返ってくるのかはわからなかった。

サラ金の場合、完済すればほぼ間違いなく過払いになる。ミライオにすれば完済の三社が過払いになっていることは最初からわかっていたはず。だが、当時八木さんはそんなことはつゆ知らない。引き続き着手金を分割で払っていった。

「今月からもう払わなくていいです」

そんな電話連絡をミライオからもらったのはさらに半年後の二〇〇九年八月。二五万二〇〇〇円の初期費用のうち、すでに一九万円二〇〇〇円が送金ずみだった。あと六万円残っていたが、それはサラ金会社から回収する過払い金から差し引くので払わなくていいと言われた。

さらに二ヶ月後の二〇〇九年一〇月。待望の過払い金が八木さんの口座に入金された。約五六万円だった。続いて翌年一月に約一一万円が振り込まれた。あわせて約六八万円。過払い金を取り返す作業はまだいくつか残っていたが金額はわずかだとのことで、実質的な回収はほぼ終わった模様だった。

「一〇〇万円くらいは戻ってくるって聞いていましたから、案外少ないな、と…」

そんな印象を八木さんは受けた。この六八万円がどういう計算に基づくものかは、よく理解していなかったという。

ともあれ六八万円でも入金があって八木さんは安堵した。もっともすでに一九万二〇〇〇円の経費を払っているから、差し引きすれば手元に残った過払い金は四九万円ほどだ。

だがしばらくたってから八木さんは驚いた。じつはそれどころではない金額の過払い金を受け取れたかもしれないと知ったからだ。

きっかけは二〇一〇年二月、市民団体「高松あすなろの会」を訪ねたことにある。同会を訪問した理由は、ミライオに委任していなかったヤミ金について相談するためだった。

八木さんからミライオの話を聞いた同会は疑問を抱いた。訴訟記録や業者から送られた資料もほとんど送られていない。ミライオが回収した過払い金がいったいいくらなのかすらわからない。債務整理の経過について説明があまりにもズサンではないか――

「きちんと説明を求めたらどうですか」

同会のアドバイスで八木さんはミライオに「六八万円」の根拠を問い合わせることにした。しばらくして文書で回答があった。そこにはこうあった。

〈業者からの過払い金額　一六四万三八八八円〉

ミライオが回収した過払い金は一六四万円以上もあったことが、ここではじめて判明する。そこから差し引かれた経費としては、次のように書かれていた。

・業者への送金額　　　　三四万七二一一円

・送金管理料　　　　　　　　　四〇〇〇円
・経費　　　　　　　　　　一〇万九〇〇〇円
・弁護士費用の振替　　　　六九万三二〇三円

「業者への送金額」というのは、過払いにならずに残債務が残ったサラ金業者に対して支払った清算費用のことだ。これは仕方ないとしても、ミライオ側の取り分が「経費」を含めて八〇万円以上もある。回収した過払い金のざっと半分をしめる。

「経費」一〇万九〇〇〇円というのも何のことかわからなかった。これについては後に説明する。

正確に計算すれば過払いはどれくらいあったのか。あすなろの会に方法を教わって、八木さんは自分で計算することにした。サラ金業者から開示された「取引履歴」という資料を元に利息制限法（元本額に応じて年利一五・一八・二〇％の三段階）の利率で再計算する。結果はこうだった。

約二六〇万円。

計算上は二六〇万円もの過払い金がある。それなのに回収額が一六四万円あまりというのは少なすぎる気がした。特にシティグループ系のサラ金「ＣＦＪ」については計算上一一五万円の過払いなのに八五万円で和解したとのことだった。三〇万円も少ない。不信が膨らんだ。

◆一万四〇〇〇円回収するのに「経費」一〇万円超

湧いてきた数々の疑問を八木さんはミライオにぶつけることにした。その結果、まずわかったのは「経費」一〇万九〇〇〇円の意味である。広島県福山市にある中堅サラ金会社A社から過払い金を取り返すため、福山簡裁に訴訟を起こした。その出張旅費だという。訴訟に出るため東京と福山を新幹線で三往復した。実際にはもっと多く十数万円かかったとの説明なのだ。

だがA社の過払い金はせいぜい一万四〇〇〇円足らず。たしかに八木さんは福山で裁判を起こすという話を聞いていたという。だが一〇万円以上もの経費をかけてまで回収してほしいと頼んだつもりはなかった。しかも代理人として実際に福山に赴いたのは西田弁護士ではなく事務所に所属する司法書士。聞いたこともない人物だった。

「裁判をやるからには慰謝料でも取るあてがあるのかな、ダメでもせいぜいトントンかなと。まさか一〇万円も取られるなんて。そんなことがわかっていたら裁判やるはずがありませんよ」

八木さんの不信は決定的となった。

ミライオに対して八木さんは、ミライオに払った費用や「経費」の返金と契約解除を求める手紙を送った。弁護士と一度も面談がなく債務整理の過程で十分な説明がなかった事実や「経費」問題、CFJの過払い金が三〇万円ほど少ないといった疑問を列記して指摘した。

「経費」についてはミライオからすぐに返金があった。また、CFJについても、追加の過払い金だとして約三〇万円が送金されてきた。ただ、それ以上の返金に応じる様子はなかった。

ＣＦＪが約三〇万円を返してきた経緯はいささか奇妙である。つまり、これに先立つ二〇〇九年七月九日付で「八五万円の過払い金を払う」という内容の和解がいったんなされている。ミライオとＣＦＪの間に債権債務はない旨、和解書に明記されている。また八木さんにもミライオから「和解済み」と報告がなされた。それにもかかわらず、二〇一〇年四月三日付でもう一度和解書が作られ、三〇万円の過払い金を返す旨の記載がなされているのだ。四月三日という時期は、ちょうど八木さんが苦情を訴えはじめていたころである。同じ当事者同士で和解書が二通存在するというのは不自然だし、通常はあり得ない。

自分の過払い金が二六〇万円以上もあった事実を知り、「ミライオに頼むんじゃなかった」と八木さんが後悔したのは当然だろう。裁判や調停をやって自分で過払い金取り返すことは十分に可能だということも知った。サラ金会社が倒産しない限り、たいてい全額取り戻すことができる。そうすれば残債務があるサラ金に払っても二〇〇万円以上が手元に残ったはずだ。

ミライオに依頼した結果、回収したのは差し引き九〇万円足らず。クレームをつけなければもっと少なかったことだろう。不安に駆られ嫌な思いもした。

八木さんが体験した一連の経緯は、「高松あすなろの会」のホームページでいったん報告された。東京にいる弁護士が面談をしないまま地方の依頼者を受任するのはトラブルの元ではないか。そう問題提起をする内容だった。ミライオはこれに敏感に反応した。記事の削除などを求めた内容証明郵便を八木さんに送り、名誉毀損での提訴をちらつかせた。この内容証明郵便の一部は冒頭で紹介したとおりである。「経費」一〇万九〇〇〇円の件も、八木さんに説明し、了解を得たはずだ、とも書かれていた。

提訴を前提とした警告と受け取った「あすなろの会」は、やむなく記事を削除した。削除する理由がいまひとつ不明確で、記事に関するクレームを八木さんに送りつけるのも筋違いだったが、無用な裁判沙汰に八木さんを巻き込むのは本意ではなかった。

◆「やましいことはしていない」とミライオ

八木さんからひととおり話を聞いた筆者は、ミライオに取材を申し入れることにした。いったんは断られた。しかしその後、これに応じる姿勢に転じた。二〇一〇年七月二八日、東京都港区にある事務所を訪ね、スタッフ三名と面会して事情を尋ねた。以下はそのやり取りの概要である。

取材に応じたのは、パートナー弁護士の川瀬裕之弁護士・川村拓矢弁護士・「法務・総務チーム」塩田邦彦チーフの三氏だ。大企業を思わせる広々としてこぎれいな事務所である。一〇〇人以上のスタッフがいるという。

まず、一〇万円の「経費」問題について聞く。一万四〇〇〇円の過払い金を回収するのに福山まで三度も行ったのはなぜか。

「一般的な話として」と前置きしてから、川瀬弁護士らは趣旨以下のように説明した。

「一般的には利益のない話なのでお断りしている。費用をかけてまでやることではないですから。ただ、正直、消費者金融は借り入れている人を苦しめてきたので少しでもいいから懲らしめてほしい、というお客さんもいる。そういう人には費用の負担を説明した上で受けることもある」

具体的に八木さんのケースについては「八木さんから承諾を得ていないのでお答えしかねる」と口を濁した。

もっとも「(サラ金を)懲らしめてほしい」うんぬんというのは少し言い訳がましく聞こえた。福山で起こされた八木さんの裁判では、一万四〇〇〇円の過払い金のみを請求しており慰謝料などの請求が行われた形跡はない。サラ金会社を懲らしめる目的で、経費を持ち出してまで訴訟をやったのだとすれば慰謝料を請求してしかるべきだろう。

次に委任状について聞く。

――西田弁護士個人の委任状なのにどうして別の弁護士や司法書士が受任したのか。

「ミライオには現在弁護士一四人、司法書士六人が所属している。委任状には基本的に全員の名を書かなくてもよい、と解釈している。必要があれば副委任状をつくって裁判所に提出している。昨夏の終わりごろから西田個人の事務所からパートナーシップ制に変更した。いまは委任状には西田とパートナー弁護士三人の名を記載している」

西田個人の委任状には、復代理の選任も含まれているから問題はないのだ。ミライオはそう説明する。

　質問時間を限られていたので三点目の問いに移る。ＣＦＪの和解が二度されている件である。

——なぜいったん和解したものが、もう一度和解したのか。

「八木さんの件は個人的なことで話せないが、（八木さんから）お手紙をいただいてから動いたということはない」

　あまり要領を得ない答えだった。

「面談問題」についても尋ねる。

——依頼者と面談せずに受任することにトラブルの原因があるのではないか。

　これに対する回答は少し詳しかった。

「弁護士と面と会って頼むというのは、そうすることもできるが、私どものシステムではちゃんと説明している。お客さんとのコミュニケーションは日々改善している。手紙で事件の現状を報告している。ウェブサイトや携帯端末などで債務整理の経過が閲覧できるようにシステムを構築中だ。ただ意思疎通が十分でないケースは確かにある、事後的にお客さんから怒られることはあると思う。そういうときは誠意を持って対応させていただいている。顧客の満足度を高める努力はしている。弁護士業界もいろいろある。絶対面談が必要だというお客さんはそういうところへ行ってほしい」

　最後に「記事削除」の件を聞いた。

——「高松あすなろの会」がホームページに掲載した八木さんに関する記事について、なぜ削除を求めたのか。

「真実と違うことを書かれたときは断固とした対応をとる。きちんと話をして弁護士が方針を顧客といっしょに決めた。弁護士法違反はしていない。こちらとしてはやましいことはない」

違法なことはしていない、記事は間違いだ、とミライオはいう。ただ具体的に記事のどの部分が問題なのか、という問いには明確な答えは得られなかった。

たしかなことは、ＣＭのイメージを信じて債務整理を託した八木さんが不快な思いをしたという事実である。その大きな原因は「コミュニケーション」を軽んじたミライオの姿勢にあることは間違いない。コミュニケーション不足ゆえのクレームに対して、ミライオは「内容証明郵便」という高圧的な態度で報いた。

過払い金を返還させる作業は弁護士でなくとも本人でできる。『サルでもできる弁護士業』と西田弁護士はうたう。ミライオにとって多重債務者の依頼人とは、きっと過払い金を背負った「サル」以下の存在なのだろう。

第四章
お上《かみ》が債鬼になる日

消費者金融を監督する行政庁は金融庁である。銀行も金融庁だ。また、債権管理回収業（サービサー）は法務省が監督する。それぞれ貸金業法、銀行法、サービサー法によってその営業のあり方が規制を受けている。顧客や消費者は、もし納得のいかないことが起きれば各監督官庁に苦情を申し立てることができる。違法性があれば行政処分がなされる。もちろん法の外側にいるヤミ金融のような犯罪は警察や検察が刑事的に取り締まる。健全に機能しているかどうかは別にして、こうした歯止めの装置が設けられているのは、金融をめぐる暴走を防ぐためである。ところが「抑止力」の働かない環境でサラ金まがいの取り立てが行われるという。そんな話を最近耳にするようになった。取り立てている張本人は役所や奨学金という公的な機関である。北海道で起きた二つの事件を報告する。

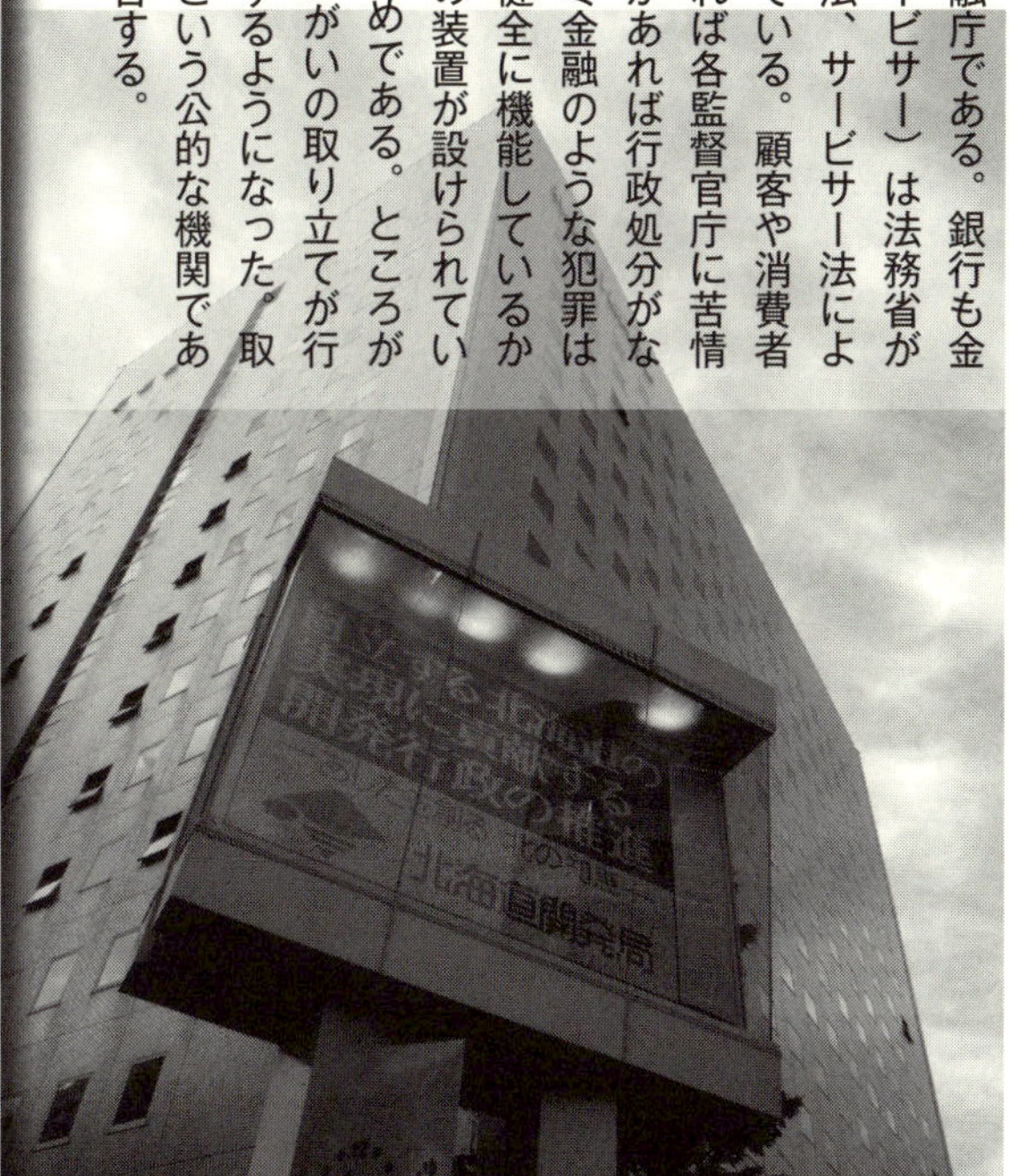

国土交通省北海道開発局のある合同庁舎（札幌市）。欄干の修理代を執拗に取り立てた結果、自殺者が出たことについて、ノーコメントの姿勢をとっている。

※欄干修理代の取り立てで娘が自殺――遺族が告発する北海道開発局の非情

◆「開発からお金のせいきゅうくるから」

二〇一〇年一月三一日、厳冬期の釧路市で、有村雪江さん（仮名・享年三二歳）は自宅で首を吊り自殺した。現場に残された手帳に乱れた字でこう書き残されていた。

…開発からお金のせいきゅうくるから
しんでからそのお金
ぜんがくいかなくても…
払うとすっきりしたい
さいきんは…しんで借金
へんさいしたい
うつのげんいんはかいはつ
うらんじゃうな
（中略）

ゆうことをきかず私に請求を
ゆってきたかいはつは
わたしを　死に　おいやった
（一部省略・適宜改行した）

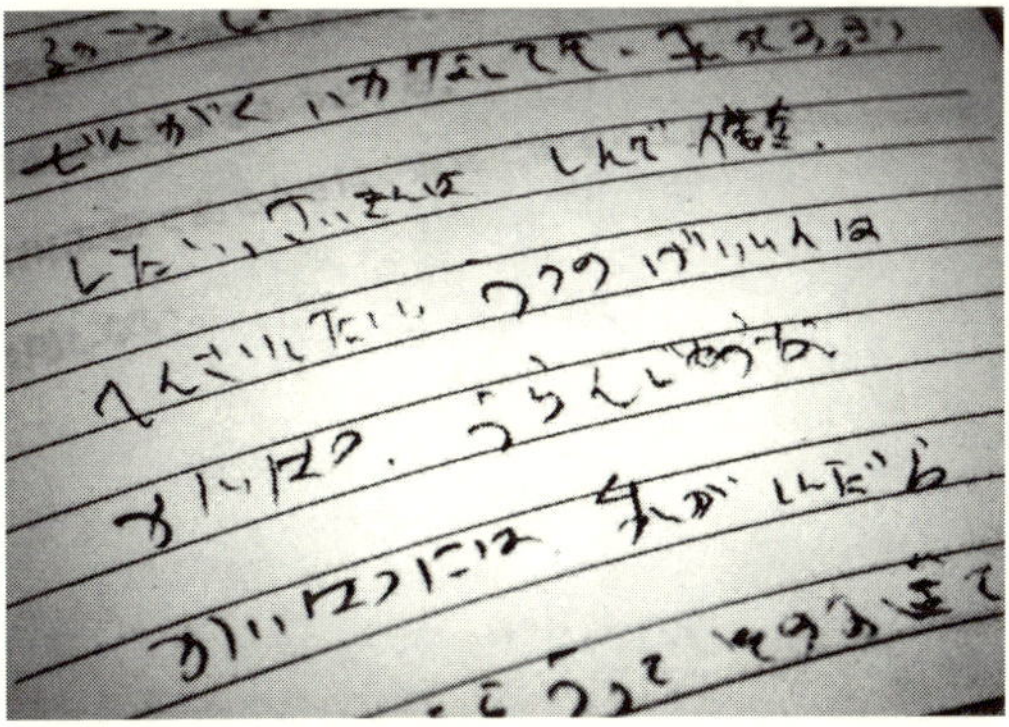

自殺した女性が残した遺書。「かいはつ　うらんじゃうな」などと書かれている。

雪江さんの両親や夫ら遺族がこの遺書を最初に見たとき、どういう意味なのかまったくわからなかったという。繰り返し出てくる「かいはつ」「開発」という言葉が何を指すのか。「かいはつは私を死に追いやった」とはどういうことなのか。

「開発」が何であるかはまもなく判明した。通夜の際、見知らぬ人物から三〇〇〇円の香典が届けられていた。その肩書きにこうあった。

〈北海道開発局釧路開発建設部〉

これが「開発」だった。

苦悩を浮かべた表情で両親が振り返る。

「香典帳に載っていたんだよね。え、うそでしょって。何なのって。何で来たのって。何か事情があるんだねって…」

北海道開発局は札幌市にある国土交通省の出先機関である。釧路開発建設部はその末端組織だ。管内の国道や河川、港湾、空港の整備・管理を担う。

そんなところと日ごろ付き合いはない。雪江さんが亡くなった事実を連絡した覚えもなかった。「開発」はなぜ香典を持ってきたのか。いぶかしむ遺族のもとに、約二ヶ月後の二〇一〇年三月はじめ、一通の封書が届く。差出人は「北海道開発局釧路開発建設部」とある。封をあけるとA4版一枚のワープロ打ちの手紙が入っていた。

〈突然のお手紙、大変失礼いたします。ご令室様のご逝去を悼み、心からお悔やみを申し上げます。

さて、すでにご承知のことと思いますが、ご令室の有村雪江さまは国に対して道路付属物等損傷に係る金銭債務を負っておられ、この一月まで不定期ですが分割して納付していただいているところです。ご令室様のご逝去により、今後この債務の残額をどのように取り扱うこととするか当方で確認させていただくことが必要となりました。…〉

どうやら雪江さんは「開発」に借金があるらしいと想像できた。しかしいったい何の借金なのか、遺族は見当がつかない。

法律家の助けが必要だ――そう判断して弁護士に相談することにした。引き受けたのは釧路で多重債務の解決などに精力的に取り組んでいる今瞭美《こんあけみ》弁護士だ。今氏は遺族から事情を聴くと、すぐに北海道開発局に質問状を出して説明を求めた。

おぼろげながら事件の輪郭が見えてきたのはこのあたりからである。

◆サラ金顔負けの取り立て

開発が今弁護士に説明した内容はおよそ次のとおりである。

〈雪江さんの国に対する借金は現在一二八万四三二五円。もともと一四九万五三二五円あったが、このうち二〇万円あまりはすでに払われているので残金が約一二八万円だ。相続人である遺族にこれを払ってほしい――〉

雪江さんが北海道開発局に対して負った約一四九万円の負債とは、彼女が起こした交通事故で壊れた橋の欄干の修理費だった。なぜ彼女がこれだけの金銭を払うはめになったのか、事故をめぐるいきさつは後述する。

約一四九万円のうち二〇万円あまりを雪江さんは払っている。しかし、すんなり払えたわけではなさそうだった。雪江さんは生前、アルバイト程度の仕事にしかついたことがない。収入は乏しかった。開発から開示された入金の記録によれば、支払いは二〇〇二年四月三〇日からはじまっている。

（二〇〇二年）

●四月三〇日　三万円
●六月三日　三万円
●七月二日　三万円

●八月三〇日　三万円

およそ毎月一回三万円。四度は順調に払った雪江さんだが、八月以降は支払いが途絶える。再び返済をするようになったのは四年以上がすぎた二〇〇六年一〇月二五日からだ。

（二〇〇六年）
●一〇月二五日　五〇〇〇円
●一二月五日　二〇〇〇円
●一二月二五日　二〇〇〇円
●…

五〇〇〇円、二〇〇〇円、と当初に比べて支払い金額がずいぶん低くなっている。時期も一定ではなく、しばしば何ヶ月にもわたって入金が滞っている。滞る頻度は年々増えている。二〇〇九年は年間を通じて四回の入金しか記録されていない。一月八日の一万円、四月三〇日の四〇〇〇円、八月四日二〇〇〇円、一〇月七日三〇〇〇円――の四度だけだ。

今弁護士は尋常ではないものを感じた。数千円単位という入金の仕方は、取り立てにおびえる多重債務者を彷彿させた。そこで開発に対し、請求や回収のやり方がどうだったのかさらに説明を求めた。

やがて開発から一連の集金や連絡の経緯を記録した文書が送られてきた。文書にはこんな記載があった。

（二〇〇六年）
●一〇月二五日（訪問）五〇〇〇円集金
●一二月五日（訪問）二〇〇〇〇円集金
●…

「訪問」の文字に今弁護士は驚いた。二〇〇六年以降の入金は、すべて「訪問」だ。つまり職員が自宅を訪問して受け取っている。なぜ振り込みではないのか。

自宅を訪問して集金するという回収方法は、いまの時代大手サラ金会社のどこもやっていない。トラブルの元になるからだ。サラ金でもやらなくなった訪問集金を北海道開発局は頻繁にやっている。

何か事情があって雪江さんが集金を望んだのだろうか。否、望むどころか嫌がっていた形跡がある。記録文書によれば、雪江さんは訪れた開発局の職員に次のように話していたという。

「開発建設部と会わないで、電話で話を済ませたい」

「分割の納付書の送付を希望している」

自宅にはできるだけ来てほしくない、納付書で入金したい、雪江さんがそう希望していたことがはっきり書かれている。これに対して開発は「制度上分割納付書送付はできないので、書留か集金になる」などとして納付書の作成を拒んだ。そうした経緯が記録にある。現金書留は五〇〇円もの手数料がかかる。手数料をかけないで払うとすれば、直接カネを持って行くか、訪問集金を受け入れるしかない。

請求とみられる電話がたびたび掛けられている事実も明らかになった。記録文書中、二〇〇九年四月三〇日の欄には次のように書かれている。

（二〇〇九年）
●四月三〇日（訪問）　有村雪江様へ朝電話をかけ都合を聞いたところ、「集金に来て良い」とのことでした。訪問し四〇〇〇円集金し、有村様から「次回は七月か八月頃に」と話がありました。

同年八月にも電話の記録がある。

●八月三日（電話）　集金日の都合を聞きましたが、「当日朝でなければ仕事の予定が決まらない」とのことでした。

「仕事」というのは、不定期に入る昆布干しのアルバイトのことだろうと遺族はいう。一回五〇〇〇円ほどのこのアルバイトは天気に左右され、常にあるとは限らない。それでも地元では現金収入を得る数少ない手段だ。肉体労働で得た僅かな現金を開発に払っていた様子が、記録からうかがえる。

◆うつ病で自殺未遂後も続いた請求

遺族の話によれば、このころ雪江さんは不眠に陥るなど精神的に体調を崩していた。二〇〇九年七月には自殺未遂をおこしてしまう。精神科でうつ病と診断され通院治療をはじめた。

そうした事情を開発が知っていたかどうかは今のところわからないが。請求や集金は間断なく繰返されている。記録文書から抜粋して引用する。

（二〇〇九年）

●八月四日（訪問）　朝電話すると「集金にきて良い」とのことでした。訪問し二〇〇〇円集金し、有村様から「二ヶ月分ということにして、次回は一〇月にしてほしい」と話がありました。

●一〇月六日（電話）　一二・三五頃電話したが留守電でした。一七・二〇頃再度電話し、「明日集金したいので明日の朝電話します」と伝えると了解と返事がありました。

●一〇月七日（訪問）　朝電話すると「集金にきて良い」とのことでした。訪問し三〇〇〇円集金し、「三ヶ月分ということにして、次回は一月にしてほしい」と話がありました。

（二〇一〇年）

●一月八日（電話）　留守電で応答がなかったので、改めて電話する旨のメッセージを残しました。

雪江さんが亡くなる二週間前、二〇一〇年一月一四日の記載は生々しい。

〈電話　九・三〇頃応答なし。一二・四〇頃、有村様から電話があり、開発建設部から有村様に「今月集金に伺いたいがご都合を教えて下さい」と尋ねました。「…近所の手前、まるで警察のように車を乗り付けて二人連れで来られると困ります。どうにかなりませんか？」と申し出がありました。…〉

二人組みの職員が車で自宅に乗りつけ、カネを請求する。困惑する雪江さんの様子が浮かぶ。

「数千円しか払えない人に、国家公務員が二人がかりで車で行って集金すること自体、税金の無駄じゃないのか。ほかにもっとやるべき仕事があるんじゃないですか？」

今弁護士は率直な疑問を口にする。釧路開発建設部は年間四二八億円（二〇〇九年度）という潤沢な予算を持っている。そのことを考えてももっともな指摘である。

年が明けた二〇一〇年一月一五日、雪江さんは集金にきた職員に六〇〇〇円を渡している。記録によれば、その際のやり取りはこうだ。

〈（自宅を）訪問したところ、有村様から六〇〇〇円を差し出して、「三ヶ月分ということで良いですか？　領収書は郵便受けに入れておいてください」と言われました。開発建設部は「お話ししたいことがあるのですが、良いでしょうか」と聞きましたが、有村様から「今三九度以上熱があるんです。また改めて電話してください」と言われましたので、「わかりました」と答えて帰りました。六〇〇〇円集金。（車は有村様宅と離れた場所に駐車しました）〉

一月、二月、三月――三ヶ月分としての六〇〇〇円。これが最後の入金となった。一月三一日、雪江さんは他界した。

「開発」のほかに雪江さんがしている借金はなかった。北海道開発局だけ。その原因となった約九年前の交通事故とは、開発側の説明と遺族の記憶によれば、およそ次のようなものだった。

北海道東部、知床半島の中ほどに羅臼町という人口六〇〇〇人ほどの町がある。鮭の遡上で知られる羅臼川が町なかを流れる風光明媚な観光地だ。その羅臼川の土手に沿う幹線道路が国道三三四号線だ。街の中心部で橋がかかり、三三四号線は川を横断する。橋は熊越橋という。一九九六年に完成した比較的新しい橋で、道の両側に広く取った歩道の各所に半円形の展望テラスを設置した特徴ある構造を持つ。テラスには熊やミミズクをかたどったブロンズ像が建てられている。

二〇〇一年七月一九日午後九時半ごろ。雪江さんは知人の乗用車を運転して三三四号線を北から南、上流から下流に向かって走っていた。当時二二歳だった。ゆるやかな右カーブになり熊越橋に差し掛かった。橋の中ほどまで来たときだ。雪江さんは運転を誤って道を左にはみだし、歩道に乗り上げた。そして鉄製の欄干に衝突する。車は大破したが転落することはなく、雪江さんは首などに打撲傷を負

交通事故で壊した熊越橋の欄干。修理代が約149万円かかったという（北海道開発局の開示資料＝遺族提供）。

うだけですんだ。第三者を巻き込むこともなかった。欄干は幅数メートルにわたって変形した。

一見ありふれた自損事故だが問題はこじれていく。

車の事故で道路のガードレールや標識を壊した場合、その修理費は自動車保険で払うのが一般的だ。ところが、車が他人名義であるという事情が話をややこしくした。結論から言えば、運転者の彼女自身が全額を自分で払うことになってしまったのだ。

釧路開発建設部が算出した修理費は見積もり額で一五七万五〇〇〇円。ひとつの規格部品になっている長さ三メートル六七センチ・高さ一・一メートルの鉄製欄干を、一式まるごと交換する工事だった。入札金額は一三六万円あまりだったが工事費はそれを上回って一四九万五三二五円となり、そのすべてが雪江さんの負債になった。

事故発生直後の欄干修理をめぐる交渉は、開発側の記録によればこうだ。

（二〇〇一年）

●七月一九日　事故発生。

●七月二三日　中標津道路維持事業所が現地確認。警察より、話し合いは（車所有者の）M氏とするよう言われる。

●七月二五日　M氏より中標津道路維持事業所へ連絡。支払いについては、復旧工事を含め処理はよろしく頼むとのこと。

●時期不明　中標津道路維持事業所からM氏へ見積書（一五〇万円）をファクス送信。M氏から電話で「加害者に払ってもらえ。自分は払うと言っていない」。

●一一月一五日　有村雪江さんと北海道開発局職員が、支払いについて話し合う。

当初、開発局は欄干の修理費をめぐって車の所有者であるM氏と話し合っている。ところが途中から雪江さんとの直接交渉に転じてしまった。なぜ車の保険を使わなかったのか、そのわけは今のところわからない。

◆「誓約書」という借金の証文

当時アルバイト程度の仕事しかしていなかった雪江さんに一五〇万円近い金が払えるはずはなかった。だが事故から半年後の二〇〇二年三月一五日付で、こんな「誓約書」が取り交わされている。雪江さんから釧路開発建設部長に宛てたものだ。

誓約書
平成一四年三月一五日
釧路開発建設部長殿
釧路市××有村雪江
私が平成一三年七月一九日二一時三〇分ごろ、一般国道三三四号線目梨郡羅臼町緑町二九九―八番地地先において、橋梁（熊越橋）の欄干を損傷した行為により、発生した債権額については、貴職の命ずるところに従い、負担することを誓約いたします。
本来であれば債権額全額を一括返済すべきところでありますが、生活資力に乏しいため、別紙のとおり分割で支払うことをご了承願います。
なお負担額については、毎月定期的に支払うことをお約束いたしますが、生活費に余裕がある場合は、繰り上げ返済することを併せて誓約いたします。

また、上記住所及び電話番号等に変更があった場合は、貴局に速やかに連絡いたします。

別紙（略）

添付された別紙は返済計画表だった。月々三万円の五〇回払い、四年と二ヶ月で一四九万円あまりを完済する内容だ。「誓約書」も「別紙」もワープロで丁寧につくられている。「貴職」など独特の言い回しからみて、北海道開発局側が起案して雪江さんに署名させたものだろう。

雪江さんが当初、三万円ずつを何度か払っているのは、この「誓約書」の計画通りに弁済しようとした痕跡と考えられる。

だが、もしこれがサラ金なら、取り立てをあきらめて債権放棄をするところである。支払い能力のない顧客から無理に集金することは法的にできない。担保も保証人もないとなれば、支払い不能となった段階で手の打ちようがないし、仮に回収努力を続けたところで、費用対効果の点で合理的とはいえない。

だが北海道開発局の場合、相手が支払えないことを承知の上で訪問集金を繰り返している。むろん、それに要する人件費などの経費は税金である。費用がいくらかかろうが回収はやむことなく繰り返された。

二〇〇六年ごろ、北海道開発局は一時雪江さんと連絡が取れなくなっている。期を同じくして、別の場所で暮らしていた両親の元にたびたび不審な無言電話がかかってきたという。

母親が話す。

「確かめようがないけど、無言電話がきてたんです。最初はサラ金かと思ったんです。休みの日なんか、一日二〜三回ありました。出たらすぐ切れる。本当に気持ちが悪い。何かあるの、って娘に聞いたんです。そうしたらしばらくして、もう（電話が）こなくなるよって。こなくなったでしょって。北海道開発局の支払いのことだったんですね…」

雪江さんは周囲に迷惑をかけることを気にする遠慮がちな性格だったという。悩んでいるのなら相談してくれればよかったのに、と悔やむ。

遺族に対し、北海道開発局からはいまのところ謝罪の類はないという。雪江さんが自殺したことに関してどう考えているのか——筆者の質問に対しては、「個人情報に関するものなので回答は差し控えさせていただく」とする内容の乏しい答えが返ってきただけだった。

警察庁によれば、二〇〇九年度の自殺者数は前年より五九六人多い三万二八二五人。一九九八年度以降一二年連続の三万人台で、八年続けて三万二〇〇〇人を超す事態となった。「生活・経済苦」は、前年より九三七人も増えて八三七七人を数えた、そして「健康問題」は七一四人増えて五八六七人だという（重複あり）。

国民の自殺防止は政府の最重要課題である。二〇〇六年には自殺対策基本法も施行された。その

「対策」のさなかに雪江さんは命を落とした。欄干が救った命は欄干によって奪われた。

「開発は許せない…娘は開発に殺された」と父親は訴える。

雪江さんの身に何があったのか、北海道開発局は何をしたのか。真相を知る作業は端緒についたばかりである。

※「回収ビジネス」に励む日本学生支援機構　「元利＋延滞金」一括弁済に固執する理由

◆支払督促

二〇一〇年六月某日、釧路市は肌寒く曇った天気だった。駅からしばらく歩き、台地の一角にある今瞭美《こんあけみ》弁護士の事務所を訪ねる。日本学生支援機構（日本育英会・梶山千里理事長）が問答無用の厳しい取り立てをしている――そうした話を今弁護士から聞き取材に来たのだった。部屋で待っていると鈴野次郎さん（仮名）が現れた。彼が取り立てに遭っている当人だった。釧路で中学校の教師をしているという。今弁護士が机の上に書類を広げる。そこに「支払督促」と題された文書があった。二〇〇九年の暮れに裁判所から届いたものだ。数枚つづりの一枚目にはこうあった。

支払督促
・当事者の表示、請求の趣旨・原因は別紙のとおり。
・債務者は、請求の趣旨記載の金額を債権者に払え。
平成二一年一二月一日
釧路簡易裁判所

支払督促とは、裁判所を通じて借金を取り立てる、いわゆる「法的措置」のひとつである。債権者など金銭の回収を希望する者が裁判所に申し立てを行い、裁判所は相手側に督促通知を出す。通知を受けた相手は二週間以内に異議申し立てをすることが可能で、その場合は訴訟に移行する。もし異議がなければ督促内容が確定し、判決と同様の効力をもつ。財産や給料の差し押さえもできる。

鈴野さんに支払督促を申し立てた「当事者」は、日本学生支援機構だった。二〇〇四年、日本育英会から独立行政法人となり名前をあらためた。学生の奨学金を扱う日本最大の組織である。支払督促状に記された代理人の名前は田村智幸氏。札幌弁護士会の所属弁護士だ。

奨学金の督促であることはすぐにわかった。鈴野さんはしかし、次の「別紙」に書かれた請求額をみて驚いたという。

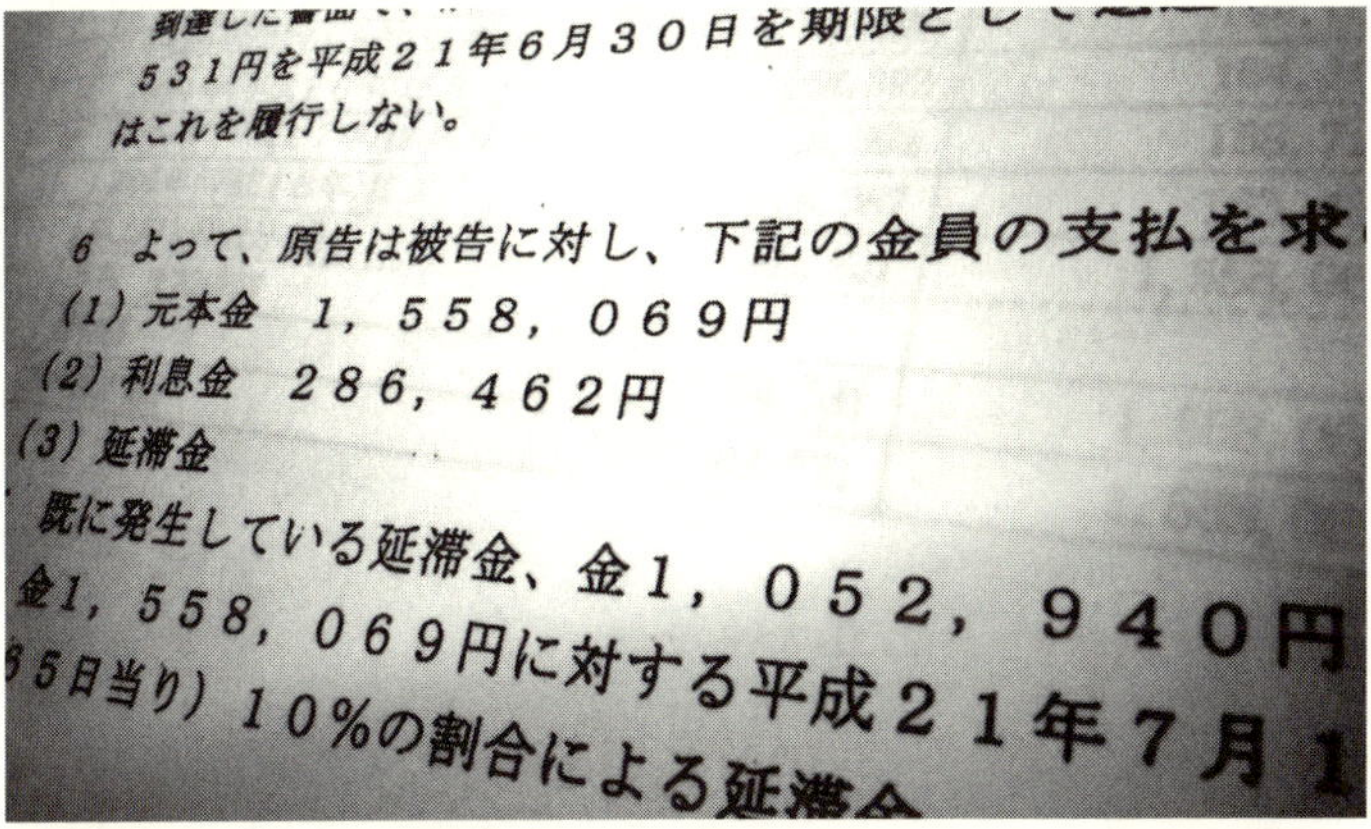
531円を平成21年6月30日を期限として
はこれを履行しない。
6 よって、原告は被告に対し、下記の金員の支払を求
(1) 元本金 1,558,069円
(2) 利息金 286,462円
(3) 延滞金
既に発生している延滞金、金1,052,940円
金1,558,069円に対する平成21年7月1
5日当り) 10%の割合による延滞金

債務整理をしていて奨学金の返済ができずにいた男性に対し、学生支援機構が起こしてきた支払督促。元本約155万円、利息約28万に加えて延滞金約105万、合計289万円以上を一括で払えという内容だ。減免措置が使えたケースだったにもかかわらず、機構側はいっさい減額は認めないと主張しているという。

別紙
1　一五五万八〇六九円（元本額金）
2　一三三万九四〇二円
　内訳
　①二八万六四六二円（利息）
　②一〇五万二九四〇円（確定損害金）

元本と利息①をあわせて約一八四万円。それに②の「確定損害金」約一〇五万円を加えると合計二八九万七四七一円にもなった。このほか、支払督促の手数料九四三〇円と、二〇〇九年七月一日以降支払い済みまで元本に対して年一〇％の遅延損害金を払え、とも書いている。

大学時代に借りた奨学金の返済が滞っていたのは事実だ。だが、まさかこういう形で請求されようとは思ってもみなかった。特に、遅延損害金（延滞金）一〇五万円まで払えというのは心外だった。

不安を抱いた鈴野さんは、以前から相談に乗ってもらっていた今弁護士に事情を伝えた。今氏はすぐに裁判所に異議申し立てを行った。放っておけば支援機構の主張するままに財産を差し押さえられかねないからだ。異議申し立ての内容は後述する。

◆「送金可能になったらご連絡を」と言っていたハズが…

鈴野さんは京都府内の私立大学を一九九二年に卒業し、出身地の釧路市に戻って中学校教師の職を得た。日本育英会から奨学金を借りたのは大学時代の四年間だ。無利息の「一種」ではなく最高で年三%の利息がつく「第二種」という枠だった。月額四万五〇〇〇円を四年間借り入れて合計二〇〇万円あまり。卒業後に分割で返済するつもりだった。ところが、家業の資金ぐりのために借金をするはめになり、やがて多重債務状態に陥った。奨学金は五〇万円ほど払ったところで返済できなくなってしまう。

借金を整理するため今弁護士のところに相談に行ったのは二〇〇二年。今氏はサラ金など数社あった金融機関と弁済額や支払方法について交渉を行って、それぞれ和解を取りつけた。

負債は最終的に一〇〇〇万円ほどもあった。さらに奨学金が残っていたが、これは債務整理の対象からはずすことにした。奨学金の支払いについては待ってもらえるだろうと判断したからだ。

育英会の契約には、約束どおりの返済ができない場合は年一〇%の遅延損害金を払う旨の条項がある。鈴野さんによれば、これについて当時育英会と話をした。その結果、債務整理をしている間は返済を待ち、遅延損害金も免除する、そういうことで話がついた。すくなくとも鈴野さん自身はそう理解していた。

以後約七年間にわたって、鈴野さんは奨学金を除く金融各社の負債を払うことに専念してきた。育英会は支払いを待ってくれている。遅延損害金も免除してくれている。そう鈴野さんが信じていたことを裏付ける証拠もある。債務整理をはじめた当時の二〇〇三年五月と一二月、育英会から手紙が送られてきていて、次のように書かれているのだ。

まず二〇〇三年五月の一通目——。

〈奨学金の返還について

時下ますますご清栄のこととお喜び申し上げます。

債務関係書類、確かに受理いたしました。お返事が遅れましたことをお詫び申し上げます。

拝見いたしましたが、本会の債務については届け出られていないようですので、申し訳ありませんが今後の請求を保留することはできません。定期的に払込通知書を送付いたしますので、この点ご了解願います。

但し、ご事情を鑑み将来延滞金の軽減については、ご相談をお受けいたします〉

同年一二月の二通目はこうだ。

〈…日本育英会の債務届が出されていない為、定期的な請求書を止めることができませんので、ご了承ください。便宜的なものですので、今回、ご送金は結構です。ご送金が可能になったらご連絡ください〉

「本会の債務については届けられていない」

「債務届が出されていない」

手紙の中に書かれたこれらの意味は、鈴野さんが行った債務整理の対象に日本育英会の奨学金が入っていない、という趣旨だ。二通の手紙からは、債務整理により奨学金の支払いができないことを育英会側が了解していることがはっきりと読み取れる。遅延損害金の軽減についても触れている。損害金が免除になっていると鈴野さんが考えたのも無理はない。

破産する道もあった。破産すれば奨学金の返済も免責される。だが鈴野さんは払っていく方法を選んだ。七年かかって完済の目途がつき、残しておいた奨学金の返済について考える余裕がようやく出てきた。その矢先の「法的措置」だった。

落胆した気持ちを鈴野さんが打ち明ける。

「今弁護士と相談して、奨学金のほうは借金を整理して目途がついたら払おうと思っていたんです。踏み倒すつもりはいっさいありませんでした。先方も理解してくれていたと思っていたのに。それがまさか…。遅延損害金一〇〇万円以上も加えた金額を払え、と裁判やってくるなんて」

◆使われなかった「支払猶予」制度

支払督促に対して今《こん》弁護士が起こした異議申し立ての趣旨は、次のとおりである。

〈元本と金利をあわせた一八四万円あまりを支払う。ただし遅延損害金（延滞金）は払う必要がないため払わない――〉

元本と利息ともに払う。しかし延滞金は払う必要がないから払わないというものだ。元利すべて払うというのだから決して悪い条件ではないはずだが、しばらくして日本学生支援機構から出てきた反論はこうだった。

「被告（鈴野さん）の和解案を了承できない」

遅延損害金約一〇五万円を含めた約二九〇万円全額を払う以外に交渉に応じる余地はない、「ビタ一文まけない」というのである。

今弁護士によれば、かつて鈴野さんが債務整理をしたときには、サラ金などの各社はすべて利息・遅延損害金を免除する内容で和解に応じたという。支援機構の場合はいっさい妥協しないというのだ

独立行政法人日本学生支援機構市谷事務所（東京都新宿区）。アメリカで問題になっている学生ローンの二の舞を演ずるのか。

から、サラ金よりも強硬な姿勢で回収に臨んできたことになる。

さらに妙なことがわかってきた。

日本学生支援機構には経済苦や病気などの理由で返済が困難になった人のために利息・遅延損害金を免除したり返還を猶予する制度が存在する。鈴野さんは間違いなく制度の適用が受けられたケースだった。しかし結果として鈴野さんはこの制度の適用を受けることができなかった。理由はただひとつ、手続きを取らなかったからだ。制度の存在を知らなかったのである。

減免が受けられる条件にありながら、単に手続きをしなかったために元金・利息・遅延損害金あわせた全額を請求されてしまう。形式的なことなのだから柔軟な対応があってもよさそうなものだが、訴訟のなかでみせる日本学生支援機構の態度は頑なである。裁判所に提出された同機構の主張はこうだ。

〈原告（日本学生支援機構）は、平成一五年五月及び同年一二月までに被告が多額の債務を抱えているという現状を認識したのにとどまり、債務不履行の法的効果を解除することまで了承したものではない。また、原告において延滞金を減免するには、日本育英会奨学規程…（中略）の条項があるのでこれに基づき「真にやむを得ない事由」の要件の存在を認めたうえで延滞金減免の取扱いを行う必要が存在したところ、その後も被告から原告に対して相談はなかったものであり、原告において延滞金の減免として取り扱うこともできなかった〉

鈴野さんが多重債務になっていることは知っていた。しかし延滞金（遅延損害金）を免除するとまで了解した覚えはない。遅延損害金減免をしてほしいのなら相談すればよいだけだ。鈴野さんはそれをしなかったのだから、いまさら免除はできない。だから約束どおり元利・遅延損害金すべて耳を揃えて払うべきだ――要約すればそういう言い分である。

◆激増する「法的措置」

払えない事情があり、しかも払う意思がある人に対して、問答無用で遅延損害金を含めた金額を払えという。奨学金というのはそんなものなのか――。疑問を抱いた筆者は、日本学生支援機構広報課を訪れて直接尋ねることにした。対応したのは金井けい子広報課長だ。

「払わないといっているわけではない。利息と元金は払うということなのに、どうして遅延損害金にこだわるのですか」

質問に対して金井課長はいった。

「延滞金（遅延損害金）というのはペナルティーとして必要な制度ですので…」

「ペナルティー（罰）」という言葉にひっかかった筆者は、さらに疑問をぶつける。

「ペナルティーというのは払えるのに払わない人には有効かもしれませんが、払えない事情がある、遅延損害金の減免が受けられた可能性もあった、そういう人にまでペナルティーを課す意味があるんでしょうか」

困惑ぎみに金井氏は答えた。

「…ただし今回のような方については、もしかして支払猶予制度の周知が足りなかったのかも…。北海道支部で動いていることなので、今の段階では主張を裁判所に出していただいて、こちらは事情をきちんとお聞きして対応したいと思います」

結局、その後も鈴野さんに対する訴訟方針が変わることはなく、いまも全面対決のまま裁判は続いている。もっとも、役員でもない一職員の立場でどうこうできる話でもないのかもしれない。

奨学金の回収について日本学生支援機構が特に力を入れるようになったのはここ二三年のことのようだ。二〇〇七年一〇月には「奨学金の返還促進に関する有識者会議」（座長＝市古夏生・お茶の水女子大教授）がつくられ、いかに回収を効率的にやるかについて話し合いが持たれている。

この有識者会議が二〇〇八年六月に作成した報告書『日本学生支援機構の奨学金返還促進策について』によれば、日本育英会から日本学生支援機構に移行した〇四年度の時点で、「返還期日を迎えた貸付残高総額に占める三ヶ月以上の延滞額」は七・九％だったという。これは次第に改善して〇七年度は七％となったとある。

参考までに、二〇〇八年度の決算資料によれば、「貸与」がなされている奨学金の総残高は約五兆七〇〇〇億円。無利息の「一種」が約二兆三四八九億円、有利子の「二種」が三兆三五八二億円という。あわせて約五兆七〇〇〇億円の貸与残高のうち、「貸倒懸念債権」と分類される不良債権はおよそ一九〇〇億円。総貸出額のさっと三％にあたる。この一九〇〇億円の「貸倒懸念債権」のうち、破産などで回収不能になった「破産再生更正債権」は三六〇億円ほどあるという。

不良債権に関するこの数字をどうみるべきか、いまのところ筆者には分析するだけの力を持ち合わせていないが、有識者会議では、回収実績をさらに上げるべきだとして次の提言を行っている。

①「個人信用情報機関の活用」
②「民間の債権回収業者（サービサー）への業務委託」
③「法的措置の徹底」

③の「法的措置」についてみれば、二〇〇五年度に四一六七件だった支払督促の件数が、〇八年度

には二万九〇七五件に増えたという（広報課）。三年で約七倍という激増ぶりである。取り立てにいかに力をいれているかがわかる。

◆延滞金収入年間二六億円の行方

日本学生支援機構が行う奨学金の大義名分は「教育の機会均等」とされる。回収に力を入れるのも、この目的のためでなければつじつまがあわない。有識者会議作成による報告書も冒頭で述べている。

〈機構の奨学金貸与事業は、優れた学生等で経済的理由により修学が困難な者への奨学金の貸与により、教育の機会均等の確保及び人材育成に資するという教育施策上の観点から、極めて重要な事業である。また、返還金を効果的かつ効率的に回収することは、次の世代の奨学金の原資を確保する点から、必要不可欠である〉

「遅延損害金含めていっさい譲歩しない、と鈴野さんに対して強硬な姿勢を取っているのは「奨学金の原資を確保する」ため――一見すれば納得してしまいそうな理屈である。

だが、じつは貸し付けた原資を回収することと遅延損害金を取り立てるのとでは意味がまったく違う。元本・利息を回収すれば回収率の向上に貢献するが、遅延損害金をいくら回収したところで回収率に影響はない。そもそも遅延損害金とは金井課長のいう通り、ペナルティーである。だから決算書のなかでは「雑収入」という位置づけとなる。要するに余禄なのだ。遅延損害金を払え、としつこく

迫る行為は、この余禄稼ぎに精を出すということにほかならない

興味ぶかいことに「法的措置」件数の激増とあわせて、この「雑収入」の伸びが近年著しい。日本学生支援機構の決算書や損益計算書によれば、二〇〇四年度の雑収入は一四億四二一七万円で、うち「延滞金」（遅延損害金）が一一億九三六三万円。それが〇八年度には二六億六六六八万円と四年間で二・五倍に増加した。内訳をみればほとんどが遅延損害金の〝売り上げ〟で約二五億八〇〇〇万円にのぼる。

「余禄」だけで年間約二六億円もの収益をあげていたわけだ。

むろん、利息収入はこれとは別である。利息による収入は二〇〇四年度が一〇七億三八六〇万円、〇八年度は一六六億三二七二万円あったという。

年間二六億円の「延滞金」収入。雑収入というのは本来さほど当てにできないカネである。ところが、この余禄狙いで取り立てに励んでいるのではないかと思えるふしがあるのだ。

◆債権回収業界が舌なめずりか？

回収が難しい債権の督促業務などを民間の債権管理回収会社（サービサー）へ委託することは育英会時代から行われてきた。その「外注」の規模は年々大きくなり、独立行政法人以降は一気に膨張する。文部科学省の調査によれば、督促業務の委託件数は二〇〇七年度が一三九万五〇〇〇件。〇四年

度の九二万二〇〇〇件と比べて一・五倍に増えている。また外注による「法廷措置の予告」は〇七年度で三万五〇〇〇件起こされており、〇四年度の約九倍だ。また現段階での外注は主に督促業務などに限られているが、回収自体を委託する試みもすでに始まっているという。

当然ながら営利企業である債権管理回収会社はタダでは動かない。経費が発生する。支援機構の公表データによれば、実験的にはじまった回収委託では、業者の取り分は回収額の七％に設定しているという。一〇〇万円を回収すれば七万円、一〇〇億円で七億円、一〇〇〇億円を回収すれば七〇億円がサービサー会社の儲けになるというわけだ。

また、サービサーだけでなく、支払督促などの法的措置を取る際には弁護士を頼むからその費用も必要となる。

これら外部に回収を依頼する際に発注する経費をどうやって確保すべきか。「有識者会議」の報告書の中に「回収のための財源の確保」と題したくだりがある。その内容が興味ぶかい。

〈回収のための財源の確保——

（前略）…財源確保については政府において対応されるものであるが、機構においては、例えば、返還者が延滞の際に課せられる延滞金を回収のための特別の経費として充てることや、同じように返還金の一部を回収のための経費として充てるといった方策も含めて、回収のための財源の確保について、関係機関との協議を進め、実現を図ることが望まれる〉

早い話が延滞金、遅延損害金を回収費用に充てよ、ということらしい。もっともこれはあくまで提言であって決定事項ではないのかもしれない。だが、回収を外部委託するための財源として「延滞金」に注目が集まっていることは間違いなさそうだ。

先に触れたとおり遅延損害金（延滞金）による収入は二六億円。これを回収委託の財源とみた場合、はたして十分なのか足りないのか。そもそもどれほどの回収経費を外部業者などに支払っているのか。決算書を見るだけでは判然としない。

日本学生支援機構広報課にもう一度問い合わせた。

「債権回収業者や弁護士に回収を委託する際の経費はいくらですか。決算書のどこに記載されているのでしょうか」

すぐに金井課長から電子メールで返事があった。決算書のなかの「貸与事業業務経費」という費目に含まれているのだそうだ。二〇〇八年度の同費は約五〇億円。延滞金の収入すべてを注いでもなお二〇億ほど足りない。

立場を変えてみれば、奨学金には何十億円規模のうまみがあるとも考えられる。将来回収委託が本格的にはじまれば、もっと大きな市場になる可能性も期待できる。サービサー業界にとって、いわば「奨学金回収ビジネスの夜明け」ということではないのだろうか。

◆オイシイ文部官僚天下りポスト

大不況の中で奨学金の返済に苦しむ元学生が大勢いることは容易に想像がつく。それが奨学金の財政に悪影響を及ぼしているのも事実だろう。だが一方で、日本学生支援機構の理事らの優遇ぶりは拍子抜けするほどだ。前身の日本育英会時代から代々理事に文部官僚の天下りを受け入れ、高給を払ってきた。

日本学生支援機構の常勤理事・幹事は六人。報酬額は年平均にすれば一六〇〇万円以上もある。退職金を入れた総報酬額は、六人あわせて年間一億円を越す。

文科省官僚ＯＢの天下りは、独立行政法人移行後の二〇〇四年度以降だけでも八人を数える。北海道大事務局長などを歴任した沖吉和祐氏（〇七年三月退任）、元文部科学審議官の矢野重典氏（〇九年七月退任）、元文化庁次長の高塩至氏（現職）、元東京大事務局長の板橋一太氏（〇四年一一月退任）、おなじく元東京大事務局長の坂本幸一氏（〇六年一月退任）、元東北大事務局長の長谷川裕恭氏（〇八年七月退任）、元文化庁文化部長の尾山真之助氏（二〇一〇年三月退任）、元大阪大副学長の月岡英人氏（現職）――。

独立行政法人化以降の理事長は国立大出身者だが、やはり高額報酬の恩恵にあずかっていることに変わりはない。二〇〇八年一〇月末で退任した前理事長の北原保雄元筑波大学長の場合、四年半あまりの任期で、退職金や各種手当てを含めて総額八七〇〇万円以上の報酬を受けとっている。現理事長の梶山千里前九州大総長の報酬も、月平均で一二〇万円以上だ。

理事の中には一年足らずで辞めた文部科学省ＯＢも少なくない。報酬目当てのポストだった疑いは濃厚だ。矢野氏は天下りを繰り返す「渡り」疑惑を指摘されて退職金三〇〇〇万円を返納したと伝えられる。

回収に力を入れる日本学生支援機構は、片方で「貸し出し」強化に乗り出している。「教育の機会均等」のために奨学金を充実させよ、という文部科学省の方針を受けてのことだが、貸し出しの主力は有利子の「二種」だ。年利三％以内。月額一二万円を貸与するという〝高額商品〟まで登場している。

貸し出し強化に伴って日本学生支援機構の事業規模は年々大きくなっており、二〇一〇年度は総事業費二兆一〇〇〇億円（うち奨学金事業は約一兆円）を超えるまでになった。〇四年度は七〇〇〇億円台だったから、六年でほぼ三倍に膨らんでいる。

カネを貸すという点では金融機関と似ている。返さなければならないという点も同じだ。しかし奨学金という性格ゆえ、返済能力を問われることはない。そこが決定的に違う。返済能力はいっさい考慮せずにどんどん貸そうというわけだ。

こうした貸付の結果が将来何をもたらすのか。返済にあえぐ人を大量に生み出すのではないだろうか。大学を卒業しても就職できないケースがたくさんあることをみれば、そう懸念せざるを得ない。サラ金の貸し出し規制がはじまったいま、学資以外の目的で借りて、払えなくなる人も出てくることだろう。結果、日本学生支援機構が巨額の不良債権を抱え込むことにもなりかねない。

今《こん》弁護士は疑問を指摘する。

「奨学金は教育を受ける権利を保証するためにあるはずです。教育を受ける権利というのを考えたときに、こういう遅延損害金まできっちり回収するというのはいかがなものか」

ヨーロッパの奨学金はほとんどが給付制だという。かたや日本は、借りたものは約束どおり返せ、というシステムを強化しつつある。日本学生支援機構に注がれる税金は毎年七〇〇億円超。「教育の機会均等」の看板のもと、奨学金は日々その姿をサラ金に似せてきている。

あとがきにかえて
「サラ金崩壊とサリーメイ」

奨学金の話を続けたい。

堤美果氏の著書『ルポ貧困大国アメリカⅡ』(岩波新書)に「サリーメイ」(SALLIE MAE)という会社が紹介されている。正式にはSLM社という。シティバンクと並ぶアメリカ最大の学生ローン企業だ。一九六五年に作られた連邦奨学金制度を基礎にして一九七二年、奨学金の公的機関として創設されたのが前身である。一九九七年に民営化された。株式市場に上場し、奨学金債権を証券化して流通させるなどして大規模な事業を展開した。不良債権は売却して利潤を追求した。結果、多額の借金を抱えて返済にあえぐ利用者が続出、厳しい取り立ての実態が社会問題化した。米教育省によれば大卒者の三分の二が平均二万三〇〇〇ドル(約二〇〇万円)の借金を抱えているという。

潜在的な不良債権ははかりしれない。不況の影響もあってそれが顕在化しつつある。サリーメイの業績は落ち大幅な人員削減を行っていると伝えられる。またシティバンクも学生ローンの子会社の売却に踏み切った。

オバマ政権は、こうした学生ローンの在り方を問題視して規制に乗り出した。アーン＝ダンカン教育省長官が二〇一〇年二月二六日付のワシントンポストに記事を投稿している。同省のホームページに紹介された記事によれば、銀行系学生ローンに毎年九〇億ドル(約七七〇〇億円)の補助金が注ぎ込まれている制度に触れて、ダンカン長官は厳しく銀行を批判している。

「銀行は利息で利潤を儲けている。学生が払えなくなれば銀行ではなく納税者がツケを払う。つまり、アメリカ人が働いて払った金で銀行が金持ちになっているのだ。 The banks earn profits on the interest; if students default, taxpayers take the loss, not the banks. In other words, working Americans pay while bankers get rich.」

日本の奨学金の姿はこの「サリーメイ」を彷彿させる。財投機関債を発行して資金調達を行い、貸与した奨学金債権を「特定社債」という証券にして市場販売することまで実行ずみだ。アメリカで見直しがされている奨学金ビジネスモデルと相似形のものを日本はこれからはじめようとしているのではないか。

延滞金をビタ一文まけないという取り立ての厳しさを疑問に感じている職員もいる。日本学生支援機構労組の岡村稔書記次長がいう。

「育英会時代は、私たちも利用者の立場を考えて、できるだけ無理がない形で返済できるよう配慮することができました。でも今はそうしたくても財務省理財課の指導があって、厳しく取り立てざるを得なくなっています。職員も悩んでいるんです」

「元本+利息+延滞金の徹底回収」の旗振り役は財務省なのだという。結果、元本は一向に減らず延々と延滞金を払っているようなケースもあると岡村氏はいう。ある意味サラ金よりたちが悪いが、そういうことをやらせている張本人がサラ金を監督してきた金融庁と人事交流のある財務省なのだ。

二〇〇四年に日本育英会が独立行政法人化するのに先立って、「新たな学生支援機関の設立構想に関する検討会議」というものが文部科学省に設置され、〇二年の中間報告でこんなことを述べている。

〈…意欲と能力のある学生が経済的に自立し、自らの意志と責任により高等教育機関において学ぶことができるよう、引き続き無利子及び有利子の貸与制による事業の充実とその合理的、効率的・効果的実施を図る必要がある。また、奨学金事業の実施に当たっては、学生に対して自己責任と自立意識の確立を促すためにも、自分の責任において奨学金を借りて返すということを学生が認識するよう、十分な教育的な指導を充実することが求められる〉

要するに「借りたものは返せ」という大方針がここに定まった。

この「検討会議」の座長は早稲田大学元総長で、当時、同大の学事顧問だった奥島孝康氏だ。本書ですでに触れたが、武富士の盗聴事件の際に同社コンプライアンス委員を務めた人物だ。この奥島氏が二〇〇三年五月一三日の参議院文教科学委員会に参考人として出席し、公明党の山本早苗議員の質問に答えて次のように発言している。

「要するに教育というものは、簡単に言いますと、先ほど清成先生（清成忠男・法政大学長）が御指摘になりましたように自己投資であります。つまり、自己投資でありますから、したがって投資というのは、やはり自分の責任で自分が担っていかなければいけないというのが基本であろうというふうに考えておりますし、それが現在の社会に生きる者に対する教育的な効果を持つことになるだろうというふうに思うわけであります」

自己投資——サリーメイのホームページ（https://www.salliemae.com/）に同じ文句があった。Dream Invest Succeed（夢見ろ　投資しろ　成功しろ）

サラ金業界というのは「返せ返せ」と言いながら返させず、延々と利息を取り続け、あるいは担保を巻き上げる罪深い産業である。いま、そのビジネスモデルが崩れつつある。業界最大手だった武富士も破綻した。だが、その破綻劇の周辺にもカネの臭いが絶えることはない。過払い金を棒引きにするしかない、といった報道が繰り返される。その一方で武富士の保有債権は、JPモルガン信託銀行、ニューヨークメロン信託銀行、SBIメザニンファンド3号投資事業有限責任組合、有限会社エスイーシー、富士クレジット株式会社、といった国内外の様々な会社に、信託や売買という形で譲渡されていた。経営難に陥った金融会社と、それに群がる商人たち。

回収がきつくなっているのは奨学金だけではない。国民健康保険、国民年金、税金、公営住宅の家賃、NHK受信料——あらゆる「公的」な料金が、かつてない強い方法で取り立られている。そして民間企業が関与を深めている。

これが何を意味するのか筆者にはまだよくわからない。だが、サラ金崩壊の先に、国境を越え、役所と一体化した、より大規模な債鬼の襲来を予感するのである。

二〇一〇年九月三〇日　著者

初出一覧

第一章

隠蔽された「実印偽造」事件
『週刊金曜日』二〇〇七年二月一六日号

おまとめ略奪商法に手を貸す〝ＣＦＪ専属司法書士〟の県議会議員
『週刊金曜日』二〇〇七年七月一三日号

コラム２　貸金業に甘い香川県の裏側にプロミスマネー
ニュースサイト『インデンツ』二〇一〇年五月一四日

「改竄八〇〇件で借金水増し一億九〇〇〇万円」の結末
『週刊朝日』二〇〇六年一一月一〇日号

ヤミ業者に不良債権売り飛ばしても「お咎めなし」の黒い霧
『紙の爆弾』二〇〇八年一月号

第二章

早稲田大学「サラ金研究所」の研究
『マイニュースジャパン』二〇〇七年九月〜一〇月

サラ金を支えた生保マネー

『マイニュースジャパン』二〇〇六年一一月

第三章

朝日ホームロイヤーを告発する

『マイニュースジャパン』二〇〇八年一二月

客の苦情に「内容証明」で提訴予告する大手弁護士事務所「ミライオ」の〝上から目線〟

『マイニュースジャパン』二〇一〇年九月七日

第四章

欄干修理代の取り立てで娘が自殺

『マイニュースジャパン』二〇一〇年六月四日

「回収ビジネス」に励む日本学生支援機構

『マイニュースジャパン』二〇一〇年七月一日

いずれの原稿も発表当時のものを大幅に加筆修正して再録しています。

〈著者略歴〉
三宅勝久（みやけ・かつひさ）
ジャーナリスト
1965年岡山県生まれ。大阪外国大学イスパニア語学科卒業後、フリーカメラマンとして中南米・アフリカの紛争地を取材。『山陽新聞』記者として高松支社などを経て2002年から再びフリーになる。「債権回収屋G野放しの闇金融」で第12回『週刊金曜日』ルポルタージュ大賞優秀賞受賞。2003年、同誌に連載した武富士批判記事をめぐって同社から1億1000万円の賠償を求める訴訟を起こされるが最高裁で武富士の完全敗訴が確定。不当訴訟による損害賠償を、同社と創業者の武井保雄氏から勝ち取る。主著に『サラ金・ヤミ金大爆発　亡国の高利貸』『悩める自衛官　自殺者急増の内幕』『自衛隊員が死んでいく　"自殺事故"多発地帯からの報告』（いずれも花伝社）、『武富士追及　言論弾圧裁判1000日の闘い』（リム出版新社）『自衛隊という密室　いじめと暴力、腐敗の現場から』（高文研）など。東京都杉並区在住。

債鬼は眠らず――サラ金崩壊時代の収奪産業レポート

2010年10月30日　　初版第1刷発行

著　者　　三宅勝久
発行者　　高井隆
発行所　　株式会社同時代社
〒101-0065　東京都千代田区西神田2-7-6
電話　03(3261)3149　FAX 03(3261)3237
組版／装幀　有限会社閏月社
印刷／製本　モリモト印刷株式会社

ISBN978-4-88683-683-0